お前の言うことはわけがわからん！

と言わせない

ロジカルな話し方

超入門

別所栄吾
ディベート・トレーナー

Discover
ディスカヴァー

どうして、私の話は
伝わらないんだろう……。

その悩み、実は
とっても多いんです。

よろしければ、
私が相談に乗りますよ。

よかった……。それじゃ、
私の話が伝わらないのは、
性格のせい？
それとも人望がないから？

いいえ、違います。

あなたに必要なのは、
たったひとつ。

　　　　　　　たったひとつ？

そう。
「ロジカルに話すこと」
です。

> うっ……。ロジカル……。

心配無用。難しいことは
なにもありません。
普段話をするときに、
「ちょっと工夫するだけ」
でよいのです。

その「ちょっとの工夫」で、
あなたの説得力は
ぐぐんとあがります。

> でも、全部読むのは
> ちょっと……(汗)。

大丈夫。全部読まなくても、
右ページの図だけ見れば
だいたいわかります。

それから、「これ、やって
みようかな」と思うところ
を読むだけでもOK。

　　　　　えっ！ 本当!?

はい。そして、読んだことを
ぜひ実践してみてください。
伝わると、気持ちいいですよ。
では、GOOD LUCK！

「お前の言うことはわけがわからん！」
と言わせない
ロジカルな話し方超入門

CONTENTS

PART 1

「それ、根拠あるの？」と言わせない

完璧な根拠の作り方

ROUND 01	理解してもらうための根拠を作る	014
ROUND 02	相手に納得させる	016
ROUND 03	事実を確認する	018
ROUND 04	あいまいな意見を具体化する	020
ROUND 05	本当に伝えたいことは何かをはっきりさせる	022
ROUND 06	丁寧に理由づけする	024
ROUND 07	結論まではっきり伝える	026
ROUND 08	主張を最初に伝える	028
ROUND 09	情報を整理してから伝える	030
ROUND 10	理由づけで主張の捉え方が変わる	032
ROUND 11	的を射た理由づけをする	034
ROUND 12	理由づけの違いに注意する	036
ROUND 13	前提条件を確認する	038
ROUND 14	三角ロジックを組み合わせる	040
ROUND 15	飛躍のない話をする	042
ROUND 16	相手からの反論に備える	044
ROUND 17	水掛け論を回避する	046
ROUND 18	三段論法を活用する	048

PART 2

「結局、なにが言いたいの？」と言わせない

共感される
ストーリーの作り方

ROUND 01	2手先、3手先を考える	052
ROUND 02	キーワードを連続させる	054
ROUND 03	網羅的に先読みする	056
ROUND 04	自問自答して間を埋める	058
ROUND 05	先の先まで準備する	060
ROUND 06	妥当性をたしかめる	062
ROUND 07	争点を見つける	064
ROUND 08	1つの争点で安心しない	066
ROUND 09	いきなり検索しない	068
ROUND 10	縦と横で情報を整理する	070
ROUND 11	筋道に三角ロジックを追加する	072
ROUND 12	ゴールから逆向きに考える	074
ROUND 13	本当の原因を突き止める	076

PART 3

「それ、あんまり興味ないかも」と言わせない

刺さる
メッセージの作り方

ROUND 01	書くことで思考を整理する	080
ROUND 02	喜んで動いてもらう	082
ROUND 03	3つの理解で相手を動かす	084
ROUND 04	根拠を言葉にして伝える	086
ROUND 05	根拠に事例を添える	088
ROUND 06	手順も伝える	090
ROUND 07	暗黙知を形式知にする	092
ROUND 08	相手が知りたい結論から話す	094
ROUND 09	質問を使い分ける	096
ROUND 10	相手の役割を意識する	098
ROUND 11	何が得られるかを伝える	100
ROUND 12	相手の関心に合わせて話す	102
ROUND 13	要約文で説得する	104
ROUND 14	4つの質問でニーズをつかむ	106
ROUND 15	相手がほしい情報だけを伝える	108
ROUND 16	比較して説明する	110
ROUND 17	検討のプロセスを考える	112
ROUND 18	問題の本質を理解する	114
ROUND 19	相手が話そうとしたら待つ	116

PART 4

「お前の言うことはわけがわからん！」と言わせない

伝わる構造の作り方

ROUND 01	必要最低限の情報で伝える	120
ROUND 02	詳しすぎない　簡単すぎない	122
ROUND 03	話の要点は最大7つ	124
ROUND 04	たくさんある場合は詳しく	126
ROUND 05	タイトルで重要性を伝える	128
ROUND 06	トピックごとに段落を区切る	130
ROUND 07	要約文を段落の先頭に書く	132
ROUND 08	不要な情報を削る	134
ROUND 09	冗長な表現をしない	136
ROUND 10	短い文を心掛ける	138
ROUND 11	正しい日本語で書く	140
ROUND 12	比喩と図解でイメージさせる	142
ROUND 13	キーワードを強調する	144
ROUND 14	好感度を上げる	146
ROUND 15	熟知すると好感度があがる	148
ROUND 16	発問で惹きつける	150
ROUND 17	ダメよりも惜しい	152
ROUND 18	期待を相手に伝える	154
ROUND 19	思いつきで追加しない	156

あとがき

本書に掲載した会社名、プログラム名、システム名などは、
米国およびその他の国における登録商標または商標です。
本文中では TM、®マークは明記していません。

PART 1

> それ、根拠あるの？

と言わせない
完璧な根拠の作り方

　この章では、根拠を示して説明をするために、三角ロジックで構造化します。

　三角ロジックとは、主張、データ、理由づけの3つの要素から構成されています。3つのうち、2つしかない、1つだけしかないなど、わかりにくい説明と納得のできる説明を事例ごとに学びます。

PART 1 「それ、根拠あるの?」と言わせない完璧な根拠の作り方

ROUND 01

理解してもらうための根拠を作る

要するに

主張、事実、理由づけの
三角ロジックを完成させれば、
自分の考えを相手に理解してもらえる。

　あなたが頑張って説明をしても、「それでは、わけがわからないよ。もっと根拠を示して」と指摘されることがあります。実は、根拠とは事実と理由づけの２つを総称しています。
　自分では十分説明したつもりでも、事実か理由づけのどちらかが欠けていることが多いです。相手がその欠落している情報を埋められなかったときに、理解してもらえません。
「わけがわからん」と指摘されたら、理由づけを追加してください。「もっと客観的に話をしろ」と指摘されたら、事実を追加してください。

主張だけでは理解してもらえない

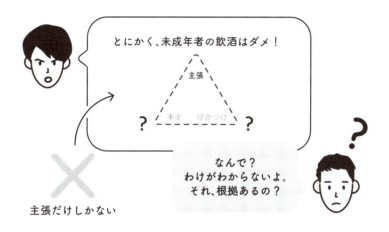

理解してもらうには 根拠を示そう

根拠とは……

根拠＝①事実＋②理由づけ

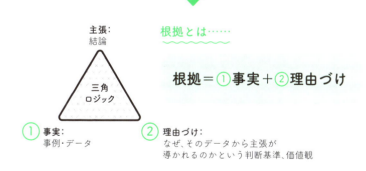

LET'S TRY! 主張には、事実（事例・データ）と理由をつけよう

PART 1 「それ、根拠あるの？」と言わせない完璧な根拠の作り方

ROUND 02

相手に納得させる

要するに

説明が表面的だと、
理解はされても
納得はしてもらいにくい。

「未成年者は飲酒してはいけない」という法律を根拠として示しても、なるほどと膝を打って納得されることはありません。むしろ、「俺は体格がよいから飲んでも大丈夫」などと反論する人もいるでしょう。

こんなときは、「なぜ、そのような法律になったのか」という本質的な説明をすることが必要です。例えば、「大人と子どもで薬の処方量が違うように、見た目は大人の体格でも、内臓や精神はまだ子どもだから飲酒すると悪影響がある」などです。

このように、本質的な理由が説明できると、説得力は格段に向上します。

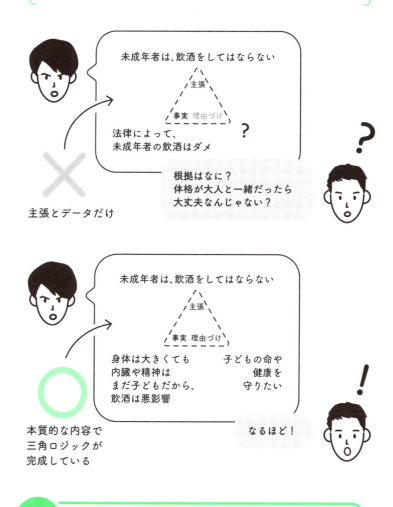

\ PART 1 「それ、根拠あるの?」と言わせない完璧な根拠の作り方 /

ROUND 03

事実を確認する

要するに

有名な人の発言でも、
事実確認が不十分であったり
感覚で話したりしているときもある。

ある大学教授とこんな会話をしたことがあります。
教授「○○地方の釣り船の経済効果を調べたら、漁業よりもはるかに大きかったんですよ」
私「その資料を見せていただけませんか?」
教授「……それはできないな」
こんなとき、資料を見せてほしいとは言えずに「権威者の発言だから信頼してしまう」場面は多いですね。
有名な人や権威者や機関の主張を鵜呑みにするのではなく、事実を確認してください。まあ、最近は国の統計も怪しいようですが。

[有名な人だから信頼できるとは限らない]

○○地方の釣り船の経済効果を調べたら、漁業よりもはるかに大きかったんですよ。

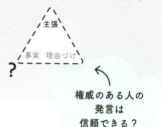

権威のある人の発言は信頼できる?

その資料を見せていただけませんか?

……それはできないな。

……………

LET'S TRY! 誰が言ったかではなく、どんな事実に基づいているかに注意しよう

PART 1 「それ、根拠あるの？」と言わせない完璧な根拠の作り方

ROUND 04

あいまいな意見を具体化する

要するに

抽象的な説明や解釈が違ってしまいそうな意見は、具体化して意味やイメージを共有する。

　さきほどの大学教授との会話で考えてみましょう。
　教授「○○地方の釣り船の経済効果を調べたら、漁業よりもはるかに大きかったんですよ」
　これを具体化するなら、次のように質問してください。「○○地方とは、どこまでを指すのでしょうか？」「この場合の釣り船とは遊漁船を営む船宿だけですか？　それともプレジャーボートまで含みますか？」「経済効果とは何ですか？」「はるかに大きいとは、2割増し程度ですか、それとも2倍ですか？」
　自分で話をするときも、相手の話を聞くときも、曖昧な表現がないか注意して、あれば具体化するようにしてください。

[あいまいな意見を具体化する]

○○地方の釣り船の経済効果を調べたら、漁業よりもはるかに大きかったんですよ

○○地方とはどこまでを指すのでしょうか？

経済効果の内容は何ですか？魚の漁獲高ではないですね？

釣り船の定義を教えてください。

はるかに大きいとは具体的にどれくらいですか？

……………………

LET'S TRY! 人によってとらえ方が違う言葉はその定義をはっきりさせよう

PART 1 「それ、根拠あるの？」と言わせない完璧な根拠の作り方

ROUND 05

本当に伝えたいことは何かをはっきりさせる

要するに

何を伝えたいかを
整理してから伝える。

　「うちの部って、退職者からの引き継ぎは全然ないし、資料もどこにあるのかわからないんです。だから、いつもお客様をお待たせしてしまっているんですよ」
　これを話した人は、自分の置かれている状況を説明して、相手に察しを求めているつもりでしょう。しかし、話を聞いた人にとってはそれを単なる事実と受け取ってしまい、「待たせていることはわかった。だから何？」と思ってしまうのです。
　本当の主張は、単なる事実ではないはず。例えば「業務改革が必要だと思っているんだけど、相談をできる人がいなくて困っている」などとなるでしょう。

本当に伝えたいことは何かをはっきりさせる

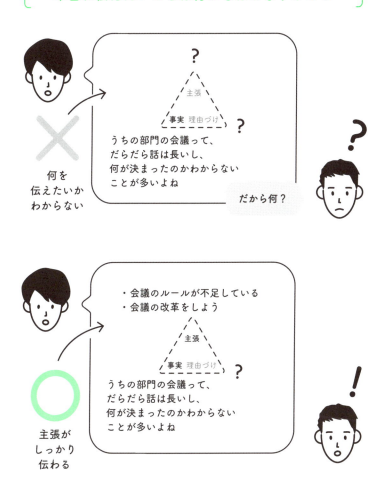

LET'S TRY! 一歩先の言葉をさがそう

PART 1 「それ、根拠あるの？」と言わせない完璧な根拠の作り方

ROUND 06

丁寧に理由づけする

要するに

相手との関係が薄く、根拠が不足しがちなときは、事実と理由を添える。

　同じ職場の仲間や家族となら、主張だけで話をすることができます。一緒に過ごしている時間が長いため、理由などが省略されていても相手が補足して理解してくれるからです。しかし、あなたと関係の薄い人は、欠けている情報が補足できません。

　例えば、いきなり「明日は第2水曜日だ（事実）。明日はPCの動作が遅くなりそうだな（主張）」とだけ聞くと、聞いた方は「え、どうして？」と思ってしまうでしょう。

　このようなときは、「第2水曜日はWindows Updateが定期的に更新される日だから、バックグラウンドでダウンロードなどが進んでPCが遅くなる」などと、丁寧に理由を説明することが必要です。

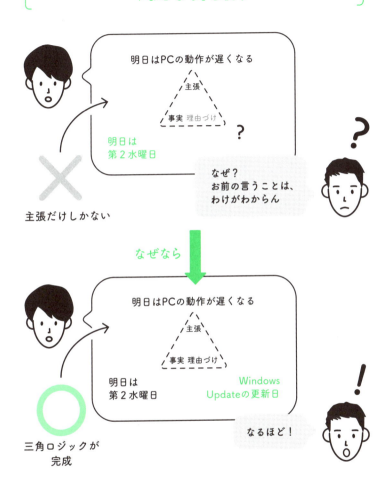

\ PART 1 「それ、根拠あるの?」と言わせない完璧な根拠の作り方 /

ROUND 07

結論まで はっきり伝える

要するに

事実と理由だけでなく、主張や結論まで三角ロジックをすべて明確に伝える。

　次の会話を考えてみましょう。「昨日の夜からずっと雨だよね（事実）。雨の日はいつも来店客が少ないからなあ（理由）」……これだけでは、だからなに？となりそうですね。

　だから「今日の仕込みは少し量を減らしたほうがよい」なのか、だから「今日は暇になりそうだ」「売り上げが減りそうだ」なのか。同じ事実と理由からでも、主張（結論）は複数考えられます。結論が違えば、その後の会話の内容も大きく異なります。したがって、結論まで明確に述べる必要があるのです。

　また、「事前予約がない」など、前提も言葉に出していないことが多いので、確認が必要です。

[「つまり」を使う]

主張
事実　理由づけ

昨夜から雨だ。
このあとの予報も
ずっと雨だ

雨の日は、
いつも来店客が
少ない

だから何？

つまり

今日の仕込みの量は減らしたほうがよい

主張
事実　理由づけ

昨夜から雨だ。
このあとの予報も
ずっと雨だ

雨の日は、
いつも来店客が
少ない

そういうことか！

LET'S TRY! 最後に「つまり」と必ず言おう。
もしくは最初に結論から述べよう

PART 1 「それ、根拠あるの？」と言わせない完璧な根拠の作り方

ROUND 08

主張を最初に伝える

要するに

何が言いたいのかを
明確に伝えることで、聞き流されずに
しっかり聞いてもらえる。

　目にした状況をただ再現してしまう人、自分の思考プロセスをそのまま再現してしまう人がいます。こんなときは、たいてい深く考えず、単なる情報提供のつもりで話している場合が多いです。
　単なる情報提供として聞き流してよいのか、それとも、しっかり聞かなければならないのか。この判断ができないと、聞き手は「で？」「だから何？」とその先を求めてしまいます。
　単なる情報提供なら、「どうでもよい話だけど」などと最初に伝えましょう。必要な情報ならば、大切であると思った理由づけも一緒に伝えてください。

[事実を述べるだけでは伝わらない]

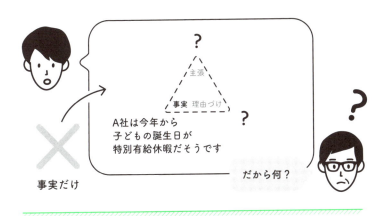

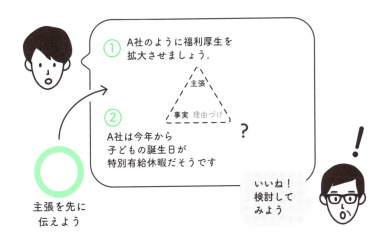

LET'S TRY! 主旨・目的(情報提供、相談、依頼etc)を主張として最初に伝えよう

\ PART 1 「それ、根拠あるの?」と言わせない完璧な根拠の作り方 /

ROUND 09

情報を整理してから伝える

要するに

状況を再現しながら話すと、相手は混乱するだけ。相手に必要な情報は何かを整理してから伝える。

　話す目的が依頼の場合は、相手にどう対応してほしいかを考えてから話すことが重要です。そのとき、単に状況を再現して話すだけでは、相手が判断する上で不要な情報を列挙してしまうため、混乱を招きかねません。
　相手が正しく理解・判断し、対応してもらえるようにするには、必要な情報をきちんと伝えることが大切です。
　もし、それがわからなければ、わかる人に事前に聞いておくことも必要です。

[状況を再現しながら話すだけだと、混乱させる]

主張
事実 理由づけ

子どもに、
使っていないパソコンが
あるならくれって言ったら、
1台送ってくれましてね。
なかなか洒落たパソコンで。
若者がカフェとかでよく使ってるやつ。
でもまあ少し古い型のようなんですけど。
それでいろいろ使っているうちに、
印刷もしてみたいと思いましてね。
昔使っていたプリンターが
あることを思い出して、
押入れから引っ張り出してきたんですが、
うまく繋がらなくて。
古いプリンターなものですから。
買ったのは10年前くらいかなぁ。
買ってはみたものの、
結局あまり使わなかったなぁ。
そんなプリンターを
今度はちゃんと使いたいと思ってね……

えっと、、、
お求めになりたい商品は
何ですか？

✕
事実だけ
（しかも長い）

LET'S TRY! 「相手にどう対応してほしいか」を考えて、判断に必要な情報だけを伝えよう

PART 1 「それ、根拠あるの?」と言わせない完璧な根拠の作り方

ROUND 10

理由づけで主張の捉え方が変わる

要するに

理由づけに共感されないと、主張が共感されない恐れがある。

　日常会話では、主張・事実・理由づけの3つをいつも伝えているわけではありません。主張と事実の2つだけであることが多いです。

　しかし、理由づけを省略すると、必要な情報が伝わらない場合があります。主張と事実は同じでも、理由づけによって共感されたり、されなかったりするからです。

　右ページの図では、これから電車が発車しようとしている駅で、乗客に黄色い線から離れるようにアナウンスしています。このとき、妥当な理由づけがなければ、乗客は察することがなく、いつまで経っても発車できません。

[理由づけで共感してもらう]

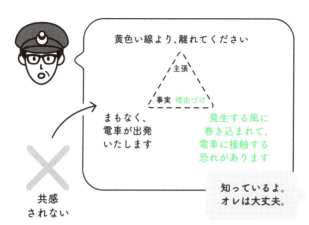

共感されない

吹き出し:「黄色い線より、離れてください　まもなく、電車が出発いたします　発生する風に巻き込まれて、電車に接触する恐れがあります」

(主張／事実／理由づけ)

乗客:「知っているよ。オレは大丈夫。」

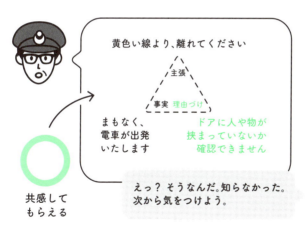

共感してもらえる

吹き出し:「黄色い線より、離れてください　まもなく、電車が出発いたします　ドアに人や物が挟まっていないか確認できません」

(主張／事実／理由づけ)

乗客:「えっ？ そうなんだ。知らなかった。次から気をつけよう。」

LET'S TRY!　理由づけは丁寧に説明しよう

\PART 1 「それ、根拠あるの?」と言わせない完璧な根拠の作り方 /

ROUND 11

的を射た理由づけをする

要するに

**理由づけをしても、
その的が外れていると
誰も納得してくれない。**

　理由づけをしているつもりでも、的が外れている場合が4つ、考えられます。
① **同語反復** …… 同レベルの説明の繰り返し
② **遠回しすぎ** …… 直接の理由になっていない
③ **議論の脱線** …… つじつまが合わない
④ **議論の飛躍** …… 理由にならない
　では、次の主張について、あなたなりに理由づけを考えてください。連泊しているお客様が、「このホテルは毎日、歯ブラシを交換されているようですが、毎日は換えないでください」とホテルに言う場合です。

[的を射た理由づけと的外れの理由づけ]

歯ブラシを毎日は換えないでください

主張
事実　理由づけ

このホテルは、毎日歯ブラシを交換する

説得力の「ない」理由づけ

① 同語反復
同じ歯ブラシを使いたい

② 遠回しすぎ
部屋に入ってほしくない

③ 議論の脱線
マイ歯ブラシを持ってきている

④ 議論の飛躍
DNAを採取されたくない

……。

説得力の「ある」理由づけ

① もったいない
（エコロジー・環境に配慮している）

② 硬いのが嫌い
（2日目ならやわらかい）

かしこまりました。

LET'S TRY! 理由づけは、本当にそれで通じるかを考えよう

\ PART 1 「それ、根拠あるの?」と言わせない完璧な根拠の作り方 /

ROUND 12

理由づけの違いに注意する

要するに

1つの事実でも、理由づけが違えば結論が真逆になる場合がある。

　前項でご紹介したのは、主張と事実が同じでも、説得力のある理由づけとそうでない理由づけでした。
　今回は、事実が同じでも理由づけが違えば結論(主張)が正反対になるケースをご紹介します。住人が1人も靴を履いていない南の島(事実)は、「靴メーカーにとって有望な市場」と言う(主張)人と、「全くダメ」と言う(正反対の主張)人がいるケースです。
　このような場合は、主張の根拠となる理由づけを比較することで検討がしやすくなります。
　ここでは「習慣や文化は変わるかどうか」。特に、この島で習慣が変わった前例があれば「市場として有望だ」と言えます。

[理由づけの違いで主張が真逆になるときがある]

とある靴メーカーが、
市場開拓のために優秀なセールスマンのAさん、Bさんの2人を
南の島に派遣しました。
着いてみると、現地の人はみんな裸足でした。
これを見たAさんは
「ここは有望な市場です。みんな靴を履いていません」と報告しました。
Bさんは「ここは全くダメです。みんな靴を履いていません」と、
Aさんとは逆の報告をしました。

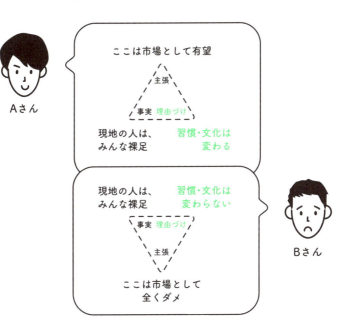

LET'S TRY! 主張が真逆になるときは、
主張の根拠となる理由づけを比較しよう

PART 1 「それ、根拠あるの?」と言わせない完璧な根拠の作り方

ROUND 13

前提条件を確認する

要するに

どんな条件を前提にしているかによって結論が大きく変わることがある。

ここでクイズです。
ある道を1台の車が走っています。この車には、父親とその子どもが乗っています。しかし残念なことに、事故を起こしてしまいました。現場に救急車が2台来て、父親とその子どもは、別々の救急車に乗せられて、別々の病院へと運ばれていきました。
子どもが着いた病院で、出てきた医者がこう言いました。
「これは、うちの子だ!」
ここで問題です。医者と子どもはどんな関係・続柄でしょうか?答えは14個くらいあります。

[前提条件を確認する]

① 前提条件：医者が男性だった場合の解答例

> 祖父、実父（事故にあった父が養父だった場合）、継父、養父、兄弟

② 前提条件：医者が女性だった場合の解答例

> 祖母、実母、継母、養母

③ 前提条件：事故にあった子どもが成人していて、結婚している場合の解答例

> 義祖父、義祖母、義父、義母

④ 前提条件：事故にあった子どもが「うち」という苗字、医学部の学生だった場合の解答例

> 他人（「うち」さんの子、医学部の教授など）

▶ 医者は男性だと思い込んでいると、②〜④には気づけない場合がある

LET'S TRY！ 普段言葉にしていない「前提条件」にも注意しよう

\ PART 1 「それ、根拠あるの?」と言わせない完璧な根拠の作り方 /

ROUND 14

三角ロジックを組み合わせる

要するに

複数の三角ロジックをつなげると
より強固な議論ができる。

　これまで学習した三角ロジックの3つの情報だけでは、説明しきれない場合があります。そんなときは、複数の階層を活用して、大きな議論を組み立ててください。

　例えば、日銀総裁が「景気は回復した」と言ったので(事実)、きっと景気は良くなっているのだろう(主張)と言う場合。これに理由づけを補うならば、「専門家の発言は信用できるから」となるでしょう。

　しかし、さらに補うのであれば、もう一段掘り下げて「GDPが上昇したから」などの事実をあげると、より強固な議論を組み立てられます。

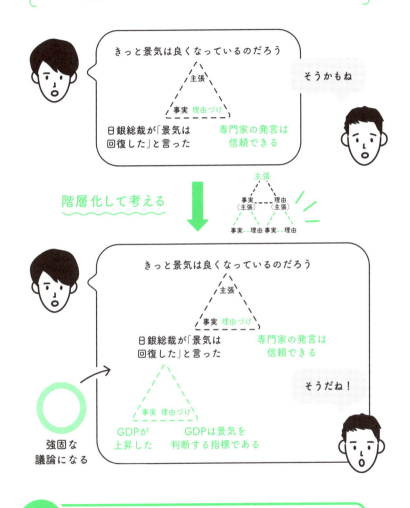

040 - 041

\ PART 1 「それ、根拠あるの？」と言わせない完璧な根拠の作り方 /

ROUND 15

飛躍のない話をする

要するに

三角ロジックを組み合わせて話す場合は、それぞれの議論がつながっているかを確認する。

　いきなり「路上をすべて禁煙にすれば、観光客が増加する」と主張されても、説明が飛躍しているので共感してもらえません。
　こんなときは、三角ロジックの階層を意識して、「どうしてそうなるの？」で理由を、「するとどうなるの？」で主張を確認し、説明をつなげてください。
　例えば、路上をすべて禁煙にする→するとどうなるの？：罰金を払いたくないからみんな吸わなくなる→するとどうなるの？：街がきれいになる→するとどうなるの？：犯罪が減る→どうしてそうなるの？：ゴミだらけの街よりきれいな街のほうが治安が良いから→するとどうなるの？：観光客が増加する、と続けてください。

[つながりを意識して複数構造を考えよう]

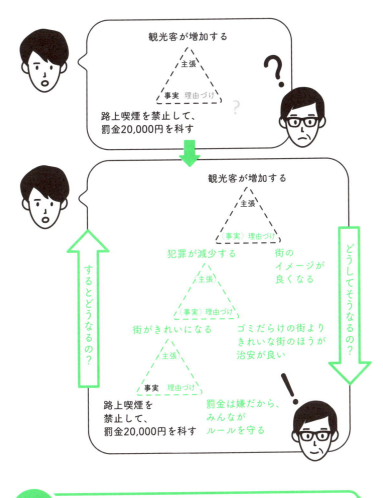

LET'S TRY! 三角ロジックは最小単位。
連続構造で考える

PART 1 「それ、根拠あるの?」と言わせない完璧な根拠の作り方

ROUND 16

相手からの反論に備える

要するに

自分の意見が論破されないためには、
自問自答して矛盾点や不備に
気づくことが必要。

　「どうして、そうなるの?」「例えば?」と反論されて、主張が崩れてしまうことがあります。崩されないように自問自答して反論に備えてください。このとき、頭の中でイメージするだけでなく、書き出しておくほうが有効です。
　例えば、「罰金を払いたくないから、皆がルールを守る」という理由づけを題材に考えてみましょう。これに対する反論は、「飲酒運転も高額の罰金だが、なくなってはいない。だから、罰金ではルールは守られない」となります。

反論に備えよう

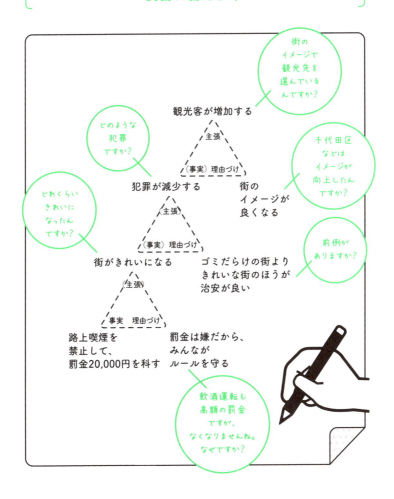

LET'S TRY! 自問自答して書き出すことで、相手からの反論に備えておく

PART 1 「それ、根拠あるの?」と言わせない完璧な根拠の作り方

ROUND 17

水掛け論を回避する

要するに

相手の根拠を明確に否定することで、「水掛け論」を回避できる。

「彼は黒髪で黒い瞳をしている(事実)。一般的に日本人は黒髪で黒い瞳だから(理由)、彼は日本人だろう(主張)」

この主張に対するダメな反論は、「中国人も韓国人も黒髪で黒い瞳だ」と例外を指摘することです。これでは相手の根拠を否定したことにはならず、ただの水掛け論になってしまいます。

有効な反論をするには、相手の議論の根幹となる根拠を否定して、再反証できないようにすることです。的を射た反論例は「日本人か否かの国籍についての主張は、身体的特徴では判断できない」です。

水掛け論を回避するには、根拠の中で反論の余地がない部分に焦点をあててください。

[相手の根拠を明確に否定する]

彼は日本人に違いない

主張 / 事実 / 理由

彼は黒髪で黒い瞳をしている　　一般的に日本人は黒髪で黒い瞳だから

黒髪は韓国人にも中国人にもいるじゃないか。黒髪じゃない日本人もいるし

「例外」を指摘

水掛け論になりやすい

そもそも、国籍は身体的特徴では判断できないわ

「相手の根拠」の否定

反論できない

LET'S TRY!　相手の根拠を「そもそも違う」と否定する

ROUND 18

三段論法を活用する

要するに

三段論法とは、「大前提」「前提」「結論」の3つに区切って強固に主張する方法。

　三段論法を活用すると、より強固に主張できます。
　具体的には、包含図を活用します。一番外側の円に大前提（理由づけ）を、その内側の円に前提（事実）を、一番中心の円に結論（主張）を書きます。そして、大前提で「AはBである」、前提で「BはCである」と言えたら、自動的に「AはCである」という結論が出ます。
　したがって、最初の「大前提」を認めた場合、「前提」が事実であれば最後の「結論」も必然的に認めざるを得なくなります。
　ただし、三段論法はすべての議論には当てはまりません。そのときは、三角ロジックに戻って説明をしてください。

三段論法の活用事例①

例:アリストテレスの死

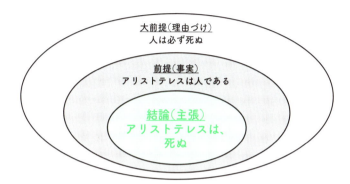

例:少子化の原因

LET'S TRY! 三角ロジックを三段論法に置き換えてみる

PART 2

> 結局、なにが言いたいの？

と言わせない
共感される
ストーリーの
作り方

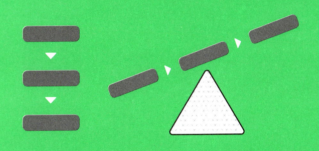

　この章では、筋道を追って説明するために「リンクマップ」を活用し、説明を構造化していきます。
　"情報のつながり地図"である「リンクマップ」では、「AならばB、BならばC、CならばD」と、連続した流れを作っていくことを重視します。これにより、筋道を追って説明できます。
　もし、うまく連続していないと感じるときは、その「間」を埋めたり、「先」を伸ばしたりします。また、分岐、結合させることもあります。

PART 2 「結局、なにが言いたいの?」と言わせない共感されるストーリーの作り方

ROUND 01

2手先、3手先を考える

要するに

さまざまな状況を書き出すことで、
想定外をなくせる。

　例えば、お客様のところへ提案書を持って説明に行くときは、「その先」を具体的に想定しておくことが大切です。このとき、見積りや内容などの修正を迫られることもあります。
　値引き依頼ならば、実行する仕事の内容には影響がありません。上司の了解がもらえれば解決するでしょう。しかし、内容の大きな修正では、社内調整が必要な場合があります。また、値引きの相談を上司にしようとしたときに、上司の出張で相談できず、お客様への回答が遅れてしまう恐れもあります。
　そうならないように、2手先、3手先を考えてください。

2手先、3手先を考える

今日、これから行くプレゼンテーションの結果の先読み

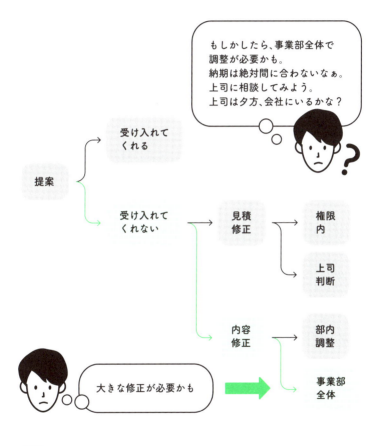

LET'S TRY! 考え得る展開をすべて想定しておこう

PART 2 「結局、なにが言いたいの?」と言わせない共感されるストーリーの作り方

ROUND 02

キーワードを連続させる

要するに

ストーリーを意識して、
AならばB、BならばC、CならばDと
言葉をつなげていく。

　さまざまな状況を想定して2手先、3手先を考えたら、それをストーリーで説明する手法を紹介します。
　例えば、「経済を活性化させるために高速道路を無料にする」と説明をする場合は、「無料にする」→「気軽に利用できる」→「気軽に遠方への旅行も行きやすくなる」→「その分旅行の回数が増加する」→「経済が活性化する」となります。
　このとき、文と文のつながりに飛躍を無くすためには、同じキーワードを使うことが必要です。また、一見つながっているように見える説明についても、「本当にそうか?」と自問自答することで、なるべく飛躍を無くすようにしてください。

[キーワードを連続させる]

① 高速道路など全ての有料道路を無料化

▼

② 無料だと、気軽に利用できる

▼

③ 気軽に、遠方への旅行も行きやすい

▼

④ 行きやすくなった分だけ、旅行の回数が増加

▼

⑤ 経済が活性化する

LET'S TRY! 同じキーワードで言葉をつなげて説明しよう

PART 2 「結局、なにが言いたいの？」と言わせない共感されるストーリーの作り方

ROUND 03

網羅的に先読みする

要するに

ストーリーは、1つとは限らない。
2つ、3つに分かれることや、複数の
ストーリーが1つにまとまることがある。

　文と文をキーワードでつなげていくとき、説明が伸びる方向は1つだけとは限りません。2つ、3つと分かれることもあります。
　前項の例では、「高速道路を気軽に利用する」と「遠方への旅行が行きやすくなる」だけでなく、「目的地に早く着く」ことも考えられます。したがって、ここで説明は2つに分岐します。
　ただ、「旅行の回数が増える」ことと「観光地で買い物が増える」ことは、いずれも経済が活性化することにつながるので、再びストーリーは1つにまとまります。
　要は、ストーリーは1つではないということ。また、いつでも分かれたり、まとまったりすると理解してください。

[ストーリーは1つではない]

① 高速道路など全ての有料道路を無料化

▼

② 無料だと、気軽に利用できる

▼ 分岐 ▼

③ 遠方に気軽に行ける / 目的地に早く着く

▼ ▼

④ 旅行の回数が増える / 観光地で、買い物が増える

▼ 結合 ▼

⑤ 経済が活性化する

LET'S TRY! ストーリーは分かれたり、結合したりすることを想定しよう

PART 2 「結局、なにが言いたいの？」と言わせない共感されるストーリーの作り方

ROUND 04

自問自答して間を埋める

要するに

説明のステップに飛躍を感じたときは、「どうしてそうなるの？」で間を埋める。

　直感的に結論が頭に浮かんだり、積み上げたはずの説明に飛躍を見つけたりしたときは、「どうしてそうなるの？」と自問自答して、説明を"密"にしてください。

　例えば「高速道路を無料にすれば、利用車両が増加する」と説明するだけでは飛躍を指摘されることがあります。こんなときは「無料だとなぜ増加するのか」を自問自答してください。「無料だと1区間でも気軽に利用するから」などと間を埋められるでしょう。

　すべての情報・内容を知っているので、自分の説明に飛躍があるかどうかは、気がつきにくいです。飛躍を探す秘訣は、キーワードが連続しているかに着目することです。

[「どうしてそうなるの？」と自問自答する]

① 高速道路無料化

間を埋める

どうしてそうなるの？

無料だと、1区間でも気軽に利用するから？

② 利用車両が増加する

LET'S TRY! キーワードが連続していない場合は「なぜ？」を繰り返して説明をつなげよう

ROUND 05

先の先まで準備する

> **要するに**
>
> 先の先まで伸ばしておき、
> 相手に共感してもらえるところまで
> 説明する。

　自分では説明し尽くしたつもりでも、相手からは「その先をもっと説明してほしい」と指摘されることがあります。「で？」「だから、何？」という反応です。
　説明をし尽くすためには、「すると、どうなるか」を先の先まで考えておきましょう。
　例えば、「高速道路を無料にすると、利用車両が増加する」の先には「化石燃料の使用が増える」「渋滞が増加する」などが考えられます。しかし、これでも不十分かもしれません。さらに先の「地球温暖化が進む」あたりまで期待している人がいるかもしれません。相手の反応を見ながら、説明を展開していきましょう。

[先の先まで準備する]

① 高速道路無料化

▼

② 利用車両が増加する

するとどうなるの？ 　先を伸ばす

化石燃料の使用が増える

するとどうなるの？

地球温暖化が進む

LET'S TRY! 「するとどうなるの？」を繰り返して、先の先まで説明を準備しておこう

\ PART 2 「結局、なにが言いたいの?」と言わせない共感されるストーリーの作り方 /

ROUND 06

妥当性を
たしかめる

要するに

「どれくらい?」や「本当?」と自ら問い、
説明に無理がないかを確認することで、
疑問を持たれにくくできる。

　例えば「旅行の回数が増える」ことを説明をする場合、「2倍になる」と言うと、相手が疑問を持ってしまいます。なぜなら、高速道路を無料化しても、そもそも休暇や給料が増えていなければ、旅行が増えるとは思えないからです。

　説明に疑問を持たれないようにするためには、「本当にそうか?」と自問することで、説明に無理がないかどうか検討することが必要です。

　また「観光地で買い物が増える」と説明するのなら、「本当?具体的には何を買うの?」と自問します。すると「温泉まんじゅうを買う」などの説明が出てくるでしょう。

[「どれくらい？」や「本当？」で妥当性をたしかめる]

高速道路無料化

旅行の回数が増える

どれくらい？
何割アップ？

観光地で買い物が増える

本当？
何買うの？

温泉まんじゅうとか買っちゃう？

お土産をたくさん買ったらトータルの出費は変わらない！
それじゃあ、旅行回数は以前と同じだ……

LET'S TRY! 自分の説明に「本当にそうか？」と問いかけてみよう

PART 2 「結局、なにが言いたいの?」と言わせない共感されるストーリーの作り方

ROUND 07

争点を見つける

要するに

一番大事なポイントを
押さえておくことで、
適切な判断ができる。

　ロジカルな話し方をする上で一番大切なことは、すべての情報を把握することではなく、「争点」を見つけることです。争点とは、単に気になるレベルではなく、「絶対検討しなければならない一番大事なポイント」だと考えてください。
　右のページの例を見てください。救急車を有料化するメリットは、「本当に必要な人の命が救える」ですが、「経済的に苦しい人がためらい、重症化・死亡してしまう」恐れもあることがわかります。
　このときの争点は「収入が少ない人でも、ためらわずに救急車を呼べるようにできるか」です。

[争点を見つける]

救急車の利用を有料化する［5,000円／回］

↓

本当に必要か考えるようになる

↓ ↓

| 不必要な人が利用しない（適正利用） | 経済的に苦しい人が利用しづらくなる |

↓ ↓

| 出動件数の減少 | 悪化・重症化 ▶ 死亡 |

↓ ↓

| 救急指定病院が緩和 | 治療に時間・費用が多くかかる |

↓ ↓

| たらい回しの回避 | さらに経済的に苦しくなる |

↓

本当に必要な人の命が救える

LET'S TRY! 全ての思いつきを書き出し、大事なところは何かを探し出そう

PART 2 「結局、なにが言いたいの?」と言わせない共感されるストーリーの作り方

ROUND 08

1つの争点で安心しない

要するに

情報は、さらに掘り起こす。
「それは本当に問題ないか?」
「できるのか?」をもう一度考えてみる。

　争点を1つ見つけても、それだけで安心してはいけません。争点は複数ある可能性があります。
　前項で挙げた救急車の有料化の争点は、「経済的弱者に配慮できるかどうか」だけではありません。最初の「本当に必要かを考えるようになる」も争点になり得ます。つまり、「本当に必要かを考えれば、正しい判断ができるのか」を検証することが必要です。
　例えば、高齢者が「胸が苦しくて動けない」と言っているときに、「私が自家用車でも連れて行けるから、救急車は呼ばなくてよい」と判断したら、手遅れになる恐れがあります。

[1つの争点で安心しない]

救急車の利用を有料化する〔5,000円／回〕

▼

本当に必要か考えるようになる

▼

不必要な人が利用しない
（適正利用）

本当？
そもそも素人が判断できるの？

どれくらい？
何割？

自分で病院に行った人の中で、
本当は救急車を
呼ぶべきだった人はいないの？

LET'S TRY! 考えられるすべての争点を探し出す

PART 2 「結局、なにが言いたいの?」と言わせない共感されるストーリーの作り方

ROUND 09

いきなり検索しない

要するに

ステップだけの説明で済むところと、具体的なデータが必要なところを見つける。

　どんなテーマでも、最初にインターネットで情報収集から始めてはいけません。情報収集から始めると、争点を見つけたり、検証したりすることがむしろ難しくなります。いきなり「救急車有料化」とインターネットで検索するのではなく、まず、自分の頭で考えてください。

　救急車の有料化の例では「正しい判断ができるのか否か」が争点でした。争点を見つけたら、それを検証するために必要なデータをインターネットで探します。例えば、「利用しなかった人のなかで、本当は救急車を呼ぶべきであった人の割合はどれくらいか」です。

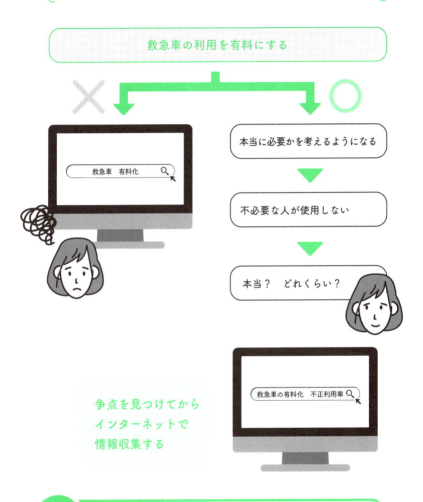

\ PART 2 「結局、なにが言いたいの?」と言わせない共感されるストーリーの作り方 /

ROUND 10

縦と横で情報を整理する

> 要するに
>
> **原因が複数あるときは、さらに関係があるかどうかを考え、必要な対策を検討する。**

　少子化の原因として、「初婚年齢の上昇」と「結婚しない人の増加」をよく聞きます。この2つの情報がどのような関係にあるかを考えるのが、縦つながり、横ならびです。

　例えば、それぞれが横並びの関係にあると考えた場合、2つの原因に対して対策もそれぞれに必要です。

　しかし、「初婚年齢の上昇が、結婚しない人を増やした」のだと、それ自体に因果関係があると考えた場合は、「なぜ、初婚年齢が上昇したのか?」だけを考えれば十分です。縦つながりの対策は1つでOKです。

[「横ならび」と「縦つながり」に注意する]

少子化の原因が「初婚年齢の上昇」と「結婚しない人の増加」ってどういうこと？

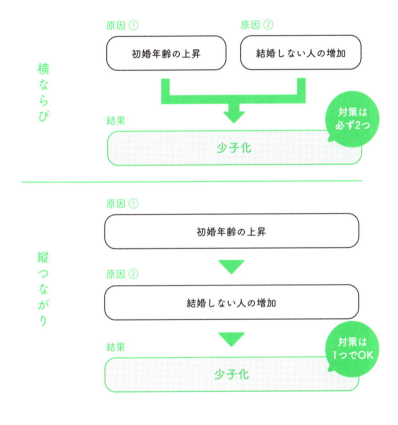

LET'S TRY! 横ならびのときは、それぞれの対策が必要。縦つながりのときは、対策は1つでよい

ROUND 11

筋道に三角ロジックを追加する

要するに

三角ロジックを追加して説明すると説得力が増加する。

　筋道を追って説明しているときに、三角ロジックを併用するとより説得力を上げられます。

　例えば「救急車の利用が増えている」という説明をしたいときは、まず、なぜそうなったのかを筋道を追って説明します。具体的には、「近くに相談できる人がいないので、状況の判断ができず、軽症でも救急車を呼んでしまうから」というような説明になるでしょう。

　ここで、「軽症でも救急車を呼んでしまう」という説明について、三角ロジックを適用して「事実」と「理由づけ」を考えることで、説得力はぐんと増すでしょう。

[筋道に三角ロジックを追加する]

近くに相談できる人がいない → 軽症でも救急車を呼んでしまう → 救急車の利用が増加している

主張
事実　理由づけ

消防庁の統計によれば、「救急出動件数は増加傾向で、634万件を超えているが、近年は衛生状態が悪化していない。また、交通事故による死者はむしろ減少している」

無料だからと、軽症な患者が救急車を要請するようになってきている

LET'S TRY! 筋道に三角ロジックで根拠を加えてみよう

ROUND 12

ゴールから逆向きに考える

要するに

最初にゴールを定め、それを実現するにはどうするかをゼロから発想していく。すると、新しい方法が見つかる。

　私たちは何かを改善しようとするとき、無意識のうちに経験や知識をもとに考えてしまいがちです。しかし、それでは新しい方法は生まれません。そこで、経験や知識などを棚上げして、ゴールから発想していきます。

　例えば、洋服の通販サイトで業界 No. 1 になるには、どうすべきか。思いつく方法はたいていすでに挑戦され尽くしているので参入は不可能と、常識的な結論になってしまいがちです。

　このようなときは、最初にゴールを定め、それを「実現していく方法」を、常識にとらわれず、積み上げていきます。

ゴールから逆向きに考える

ゴールを定める

対象はなんですか？

ターゲット

▼

どのような状態が目標達成ですか？

目標

▼

どうやるか（HOW）を話す

どうすれば、解決できますか？（解決策）

解決策

▼

なぜ、その解決策が実行できないのですか？

なぜできない？

▼

どうすれば、それができるようになりますか？

どうすればできる？

↑ できるという答えになるまで繰り返す

LET'S TRY! 結論（ゴール）から考えて、一つずつステップを積み上げていく

PART 2 「結局、なにが言いたいの?」と言わせない共感されるストーリーの作り方

ROUND 13

本当の原因を突き止める

要するに

原因が複雑に絡み合う場合は
「なぜなぜ分析」で
真の原因を突き止める。

　問題を表面的にとらえてしまったり、複数の事象に目が届かなかったりする人が多くいます。こんなときは「なぜなぜ分析」で本当の原因を探して本質的な解決方法を考えてください。
　例えば、少子化の直接の原因は、「子どもが減った」からです。その原因には「結婚しない人の増加」などがあります。
　さらに、「なぜ、結婚しない人が増えたのか」まで考えてください。「なぜ」は5回くらい繰り返して、真の原因を探してください。
　社会問題の場合、真の原因は1つではありません。複数の原因に対して、対策を必ず呼応させてください。

[「なぜなぜ分析」を活用する]

日本は少子化が進んでいる

原因と対策が曖昧すぎる

子どもを
増やそう ✕

なぜ ▼

子どもが減ったから

なぜ ▼ （原因は複数ある） ▼ なぜ

| 初婚年齢が上昇した | 結婚しない人が増えた |

なぜ ▼ ▼ なぜ

| 真の原因:女性の社会進出 | 出会いが少なくなった |

解決策 ▼ なぜ

○ 高齢出産しやすい
社会・制度
学生結婚の推奨

真の原因:仕事が忙しい

解決策

○ ワークライフ
バランスの推進

LET'S TRY! 真の原因に対して解決策を考えよう

PART 3

> それ、あんまり興味ないかも

と言わせない
刺さる
メッセージの
作り方

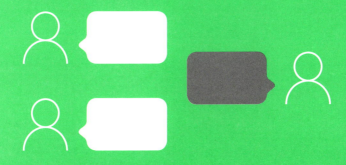

　この章では、適切な質問を投げかけることで、相手のニーズを理解し、話すべき内容を取捨選択して、伝える方法を説明します。

　大切なのは、常に相手の思考の「その先」を意識すること、そして、不要な情報を削って、情報を30秒で「刺さる」メッセージとして伝えることです。

　これを実現させるための視点の数々を、ご紹介していきます。

PART 3 「それ、あんまり興味ないかも」と言わせない刺さるメッセージの作り方

ROUND 01

書くことで思考を整理する

> **要するに**
>
> 相手の理解を得るためには、
> 情報や思考、依頼内容の整理が必要。

　自分の頭の中が漠然としていたり、仕事の段取りが整理できていなかったりすれば、お客様はもちろん、上司や仲間の理解も得ることはできないでしょう。
　相手の理解を得るためには、ゴールを明確にすることが必要です。一つひとつの仕事に対して、その実現には何が必要で、どのような順で説明をすれば、最も理解してもらいやすいかを考えてください。また、仲間には何をしてほしいのかをはっきりさせておく必要があります。
　まとまらないときは、書き出すことが有効です。面倒ですが、漠然とした思考が書くことで整理されます。

[書くことで思考を整理する]

最終的なゴールは、どうなっていればよいのですか？

ゴールを実現するために、相手に理解してもらわなければならないことは何ですか？ いくつありますか？ その順番は？

自分一人ではできないことは何ですか？
（能力不足・仲間と協働して進めること）

CHECK

- 過不足はありませんか？
- 説明の順は、上記で合っていますか？（優先順位、手順）

LET'S TRY! 相手に依頼する前に、ゴールと依頼内容を短く書き出して整理してみよう

\ PART 3 「それ、あんまり興味ないかも」と言わせない刺さるメッセージの作り方 /

ROUND 02

喜んで
動いてもらう

要するに

人から事務的に指示されるだけだと、
受け身の行動になってしまう。
「納得」と「共感」が、自発的な行動を生む。

　上司からいきなり「〜をしなさい」と命令されたら、多くの場合は、あまり乗り気にならないでしょう。自発的に動いてもらうためには、「理解→納得→共感→行動」のステップを踏む必要があります。
　理解を得るための方法は前項に述べたとおりです。納得してもらうには、「なぜそれが必要なのか」を言葉にすることです。
　そして、共感を得るためには、あなたの価値観を伝える必要があります。何かに例えたり、試しに少し行動してもらったりすると、共感が生まれやすくなります。
　気持ちが伴えば、自発的な行動が生まれます。

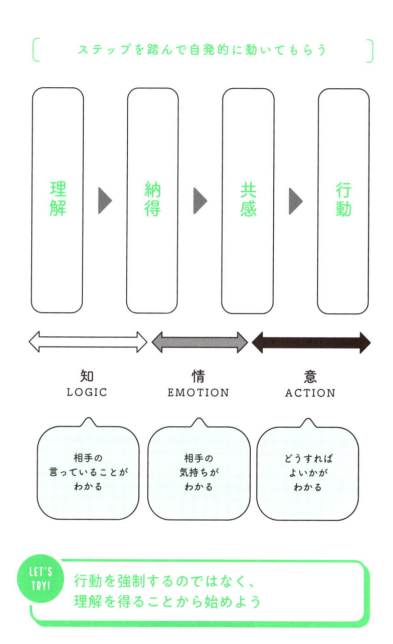

PART 3 「それ、あんまり興味ないかも」と言わせない刺さるメッセージの作り方

ROUND 03

3つの理解で相手を動かす

要するに

相手に自律的に行動してもらうには
「人を動かす3つの理解」を
意識して具体的に伝える。

　前項では、感情を伴った行動を生むために「理解→納得→共感→行動」の4つのステップを説明しました。そのなかでも、共感を得て、自律的に行動してもらうのは、難しい場合があります。
　そこで意識したいのが、人を動かす3つの理解です。
　根拠の理解とは、「なぜそう考えるのか」という理論や理由です。根拠がわかれば、別の場面でも自律的に動けます。事例の理解とは、身近な例です。仕事でのエピソードや例え話が伴うと、実感が湧きやすくなります。そして手順の理解とは、やり方です。具体的な方法や動作がわかれば、実際の動き方を自分でイメージできるでしょう。

人を動かす3つの理解

根拠の理解 　理論・理由

根拠がわからなければ、その場限りで継続しない

事例の理解 　エピソード、例え話、比喩

事例がなければ、実感がわかない

手順の理解 　方法、動作、作法

手順を知らなければ、自律的に動けない

LET'S TRY! これから依頼することについて、「3つの理解」を考えてみよう

PART 3 「それ、あんまり興味ないかも」と言わせない刺さるメッセージの作り方

ROUND 04

根拠を言葉にして伝える

要するに

自分では当たり前と思っていることでも、
なぜそれをすべきなのか、どうして
そう考えるのかを言葉にして、共有する。

　昔は、「仕事は見て盗め」と言われていました。なぜなら経験則は言葉にして説明することが難しいからです。人の仕事ぶりを見て覚えられる人は確かにいます。しかし、それができない人にただ「見て盗め」と言うのは無茶です。なぜ、そのやり方をするのか、その根拠を言葉にして伝える必要があります。
　具体的には、その経験則に至った背景や経緯、その経験則を生み出した過去の成功体験（＝社内ノウハウ）などです。
　経験則は、本人にとっては当たり前のことなので、根拠を求められても言葉にしづらいかもしれません。あきらめず、書き出して整理してください。

[「なぜそうするか」を伝える]

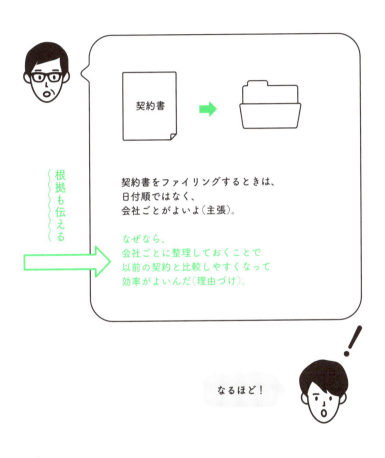

根拠も伝える

契約書をファイリングするときは、
日付順ではなく、
会社ごとがよいよ（主張）。

なぜなら、
会社ごとに整理しておくことで
以前の契約と比較しやすくなって
効率がよいんだ（理由づけ）。

なるほど！

LET'S TRY! 当たり前だと自分が思っていることを
言葉にしよう

\ PART 3 「それ、あんまり興味ないかも」と言わせない刺さるメッセージの作り方 /

ROUND 05

根拠に事例を添える

要するに

事例を添えると、
説明がわかりやすくなるだけでなく、
相手の記憶にも残りやすくなる。

　前項では考え方である根拠について説明しました。しかし、単なる根拠の説明だけでは実感が持てません。申込用紙に記入例が添えられていると、相手がピンときます。
　事例は、実際に仕事をする上でよく生じることを話すとよいでしょう。また、似たようなことを相手が経験している場合は、それを話すことも有効です。
　また、事例が的を射ていたり、豊富だったりすると、説明はぐんとわかりやすくなります。特に、事例は根拠や手順よりも、一番長く記憶に残ります。

[事例があるとピンとくる]

契約書をファイリングするときは、
日付順ではなく、
会社ごとがよいよ。

根拠

なぜなら、
会社ごとに整理しておくことで
以前の契約と比較しやすくなって
効率がよいんだ。

事例

例えば、営業情報のファイリングも
会社ごとにしているだろう。
あれと同じイメージだよ。

なるほど！

LET'S TRY! 根拠の説明に「例えば〜」と事例も加えよう

PART 3 「それ、あんまり興味ないかも」と言わせない刺さるメッセージの作り方

ROUND 06

手順も伝える

> 要するに
>
> 手順がわからないと、
> 行動したくてもできない。

　最後にもう一つ必要なのが、手順の理解です。根拠や事例がわかっていても、手順を知らないと行動できません。
　パソコンのことならネットで検索すれば、わかるかもしれませんが、個別の仕事の手順はネットには載っていません。

[手順がわからなければ行動できない]

ところでみなさん、
Windows 8の電源の落とし方を知っていますか?

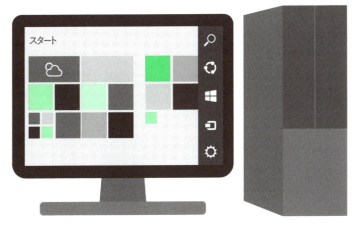

LET'S TRY! 相手が知らない手順は最初に教えておく。
わからなかったら質問してもらう

PART 3 「それ、あんまり興味ないかも」と言わせない刺さるメッセージの作り方

ROUND 07

暗黙知を形式知にする

要するに

職人技を習得するには時間がかかる。
しかし、その要点を言葉や数字にすることで、
素人でもできるようになる。

　経験によって習得した知識やコツを暗黙知と呼び、言葉で整理された知識やコツを形式知と呼びます。
　例えば、車などの大きなネジを締めるときに、肌感覚で「必要な力はこれくらいだな」とやるのが暗黙知です。一方、力加減がわかる道具を使って締めるのが形式知です。
「形式知」は、複数の成功例を観察することで導き出されます。具体的には、「太さ10ミリのネジは8kg、14ミリのネジは10kg」というように、必要な強さを数値化・標準化します。また、道具を活用するので過不足もありません。数値化することにより、素人でも熟練工並みに仕事ができるようになるのです。

[経験を言葉で整理しよう]

暗黙知
1. 言語化できない、しがたい知識
2. 経験、勘、コツ
3. 主観的
4. 体験的、体感的、行動作業により共有

言葉で形式知に変える

形式知
1. 言語化された明示的な知識
2. 整理、体系化された知識
3. 客観的
4. 言語的、計数的共有、編纂できる

LET'S TRY! 職場の暗黙知を見つけ、言葉にして書き出そう

PART 3 「それ、あんまり興味ないかも」と言わせない刺さるメッセージの作り方

ROUND 08

相手が知りたい結論から話す

要するに

クローズドエンド・クエスチョンをされたら
まず「はい」か「いいえ」で答える。
自分に都合がよいように答えない。

　上司から「○○はできたか？」と質問をされたら、答えは「はい」か「いいえ」しかありません（この種の質問を「クローズドエンド・クエスチョン」と呼びます）。

　しかし、「○○はできたか？」と質問されて、「△△までは終わりました」と答える人がいます。このタイプの人は、「まだ」と答えたら「ではどこまで進んだか」と訊かれると考えて先取りするタイプと、いろいろと察してほしいタイプのどちらかでしょう。

　しかし、いずれも聞き手の質問に答えていないので、質問者を苛立たせてしまいます。必ず結論から答えて、そのあとに経過を話してください。

[相手が知りたいことから話そう]

企画書はできた？

ご指示のとおり、ヒアリングはしました。

「まだ」って言えよ〜

企画書はできた？

いいえ、まだです。
ヒアリングまでは終わりました。
明日には完成します。
一人でできそうですが、
困ったら助けてください！

了解！何かあったら言ってね

 LET'S TRY! 言い訳したくなってもぐっとこらえて、相手が知りたいことを最初に答えよう

ROUND 09

質問を使い分ける

要するに

話を広げるときはオープンエンド・クエスチョン、絞り込むときはクローズドエンド・クエスチョンを使う。

「提案書は、どんなところに工夫をしたの？」という質問には、「はい」か「いいえ」で答えられません。この種の質問を「オープンエンド・クエスチョン」と呼びます。

オープンエンド・クエスチョンをされたら、自由に自分の考えを話してOKです。例えば、「一番工夫したのは、お客様の声を直接ヒアリングしたことです」など、思ったままの内容を回答します。これにより、話の内容が広がります。

逆に、話を絞り込みたいときは、前項で紹介したクローズドエンド・クエスチョンが有効です。このように、質問の種類を使い分けることで、目的に応じた回答を引き出せます。

[質問を使い分ける]

オープン ▶ オープン　　話を創造的に広げる

オープン ▶ クローズ　　当たりをつけてから、話を絞り込む、深掘りする

クローズ ▶ オープン　　最初に範囲を絞り込んで、答えやすくしてから本質にせまる

クローズ ▶ クローズ　　話を絞り込んでいくときや、発言の真意をさぐるとき

LET'S TRY!　目的を考え、質問を使い分けよう

PART 3 「それ、あんまり興味ないかも」と言わせない刺さるメッセージの作り方

ROUND 10

相手の役割を意識する

要するに

同じ案件でも役職や所属によって
興味・関心のありかは異なる。
相手によって説明の内容を変えよう。

　例えば、会社のウェブサイトをリニューアルするときに、経営層は将来展望や費用対効果に大きな関心を寄せています。しかし、部門の担当者は、自分のスキルで運用しきれるかなど細かなところへ目が向いています。また、管理部門ではサーバーなどに関心が高かったりしています。
　このように同じ案件でも、人によって興味・関心が異なります。したがって、相手の役職や役割に即した内容へ変えなければ満足されません。
　相手がどのような内容に興味・関心を持っているのか、依頼を受けた時点で質問しておくことが最善です。

相手の役割を意識する

トップマネジメント

ビジョンとベネフィット
将来展望と費用対効果

担当マネジャ

ベネフィットから実現可能性
生産性向上、問題解決、
人員配置、技術的可能性（全方位）

担当者

内容と技術的可能性
詳細内容や仕様、使いやすさ、
作業効率、スキル

管理部門

運用上の留意点とコスト
受け入れやすさ、経費削減

LET'S TRY! 相手の役割と、求めていることが何かを確認しよう

PART 3 「それ、あんまり興味ないかも」と言わせない刺さるメッセージの作り方

ROUND 11

何が得られるかを伝える

要するに

商品やサービスを宣伝するときは、
それによって何が、どうしてよくなるのか
を相手の視点で説明する。

　商品やサービスを案内するパンフレットで、事実をそのまま説明しているのをよく見かけます。また、Let's 〜（〜しよう）という表現も相手に響きません。
　そもそも興味のある人やリピーターなら、事実の説明で十分でしょう。しかし、大部分の人は「ふーん」で終わってしまいます。相手に「刺さるメッセージ」を考えてください。「それをやったらどうなるのか」「どんな良いことがあるのか」など、相手が得られる価値や意義を説くことです。
　この考え方は、単にパンフレットの作成に限らず、製品開発やイベントの企画まで応用できます。

(何が得られるかを伝える)

お花見撮影会

さあ、写真を一緒に撮りましょう！

桜が咲いている会場の周りを
散策しながら
写真を撮って歩きます

Let's〜
はダメ

お花見撮影会

見ごろの桜の花で、写真の撮り方の基本から秘訣までを教えます！

初心者でも、桜の花はもちろん、
子どもの写真もイキイキと
撮れるようになります

何が得られるか
を伝える

LET'S TRY! 事実をそのままではなく、
相手のベネフィットを考え、説明しよう

\ PART 3 「それ、あんまり興味ないかも」と言わせない刺さるメッセージの作り方 /

ROUND 12

相手の関心に合わせて話す

要するに

相手の関心のレベルが
AIDMA（アイドマ）のどの段階にあるか
を考えて、伝える情報を変えよう。

　商品が買われるときのプロセスを説明するときは、AIDMAがよく用いられます。自動車の安全機能のひとつである自動ブレーキを例に考えてみましょう。
　まず、Attention（注意）。「知らない」人を「知っている」に変えます。自動ブレーキがどんな機能かを説明します。次にInterest（興味）。「知っているが興味がない」人を「興味がある」に変えます。実際の評判を伝えるとよいでしょう。そしてDesire（欲求）。「興味はあるがほしくはない」人を「ほしい」に変えます。
　Motive（動機）とAction（行動）のフェーズは、踏み切れない人の悩みを引き出しながら、購買につなげます。

AIDMAの5段階

顧客の関心レベル		目標
Attention（注意）	知らない	認知度向上
Interest（興味）	興味がない	商品の評価育成
Desire（欲求）	ほしいと思わない	ニーズを喚起
Motive（動機）	ほしいとは思うが、まだ踏み切れない	メリット提示 比較優位性
Action（行動）	どれにすべきか、迷っている	障害除去

Attention〜Motive上部：PUSH
Motive〜Action下部：PULL

※AIDMAは諸説あります

LET'S TRY! 相手の関心のレベルに合わせて、伝える情報を変えよう

PART 3 「それ、あんまり興味ないかも」と言わせない刺さるメッセージの作り方

ROUND 13

要約文で説得する

要するに

要約文は30秒で読めるように
目的と要約を簡潔かつ具体的に書く。

　直接会って話せない相手に対しては、メールや手紙などで説明する必要があります。そこで使えるのが「総論（要約文）」です。総論は、目的のパートと要約のパートからなります。

　目的のパートではまず「現状：いま起こっているのは〜」や「背景：これまでの経緯は〜」を書き、その次に「問題点：課題、弊害、困っていること」や「必要性：○○するために」を書きます。そして、「目的：○○を××する」と書きます。

　要約のパートは、目的のパートに書いた情報に対応させながら書きます。最初に「結論」または「要約文」を書き、それを証明・補足するために「情報A、B、C」を続けて書いていきます。

[要約文で説得する]

総論（要約文）

総論は、
7〜9文、
30秒で
読めるようにまとめる

目的のパート
1. 現状(and/or)背景
2. 問題点(and/or)必要性
3. 目的

要約のパート
1. 結論 or 要約文
2. 重要な情報A
3. 重要な情報B
4. 重要な情報C
（反論の先取り、今後の課題）

目的のパートの例：車の自動ブレーキ

 現状
日本も加盟している国際協定で、車の衝突を回避する自動ブレーキの新車搭載を来年から義務づけることになった。

 必要性
乗用車や商用車などが対象になっており、自社も対応しなければならない。

 目的
そこで、具体的な義務規定について報告する。

LET'S TRY! 話す前に総論を書いて、整理してみよう

PART 3 「それ、あんまり興味ないかも」と言わせない刺さるメッセージの作り方

ROUND 14

4つの質問で ニーズをつかむ

要するに

お客様や上司から、過不足なく
情報が提供されることはない。
足りない情報は自ら質問するべき。

　相手のニーズを理解して提案するために、4つの質問を順に投げかけていくと良いでしょう。プリンターを売るケースです。
　①現状質問：ニーズを知る「今はどんなプリンターを使っていますか？」「レーザーとインクジェット、どちらが良いですか？」
　②問題質問：問題を明確に捉える「今のプリンターで困っていることは何ですか？」「何か思い当たる原因はありますか？」
　③示唆質問：対策を明確にする「今回の買い換えで、コスト削減ができるとよいですよね」
　④解決質問：対策を選んでもらう「機種Aと機種Bなら、どちらが良いでしょうか？」

4つの質問でニーズをつかむ

現状質問
ニーズを知る

現状をどう評価されていますか？
いつまでにどうされたいですか？

問題質問
問題を明確に
とらえる

今、どんな問題がありますか？
このまま放置することの弊害は？
その原因は何ですか？

示唆質問
対策を
明確にする

こんな案はいかがですか？
〇〇でお困りですよね？

解決質問
対策を
選んでもらう

AとBではどちらを選択されたいですか？
プランの実施後はどうなると思いますか？

LET'S TRY! 4つの質問に即して、不足している情報がないか考えてみよう

\ PART 3 「それ、あんまり興味ないかも」と言わせない刺さるメッセージの作り方 /

ROUND 15

相手がほしい情報だけを伝える

要するに

自分がその内容を熟知しているとき、話しすぎてしまう。

「なんでも詰め込んで、たくさんの情報を示して、あとは相手が判断してくれるだろう」とする話し方は、内容が記憶に残らないばかりか、むしろ逆効果です。

余計な話ができる人は、すべての情報を熟知しています。それゆえ、相手が今回の判断に不必要な情報まで説明してしまいます。すると、相手が知っている情報に不要な情報が加わるので、混乱させてしまいます。

まず、相手がどこまでわかっているかを質問して確認してください。次に、今回の判断に必要だけれど、まだ不足している情報だけを選んで伝えてください。

[相手がほしい情報だけを伝える]

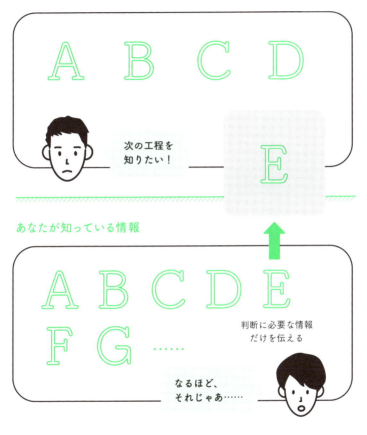

相手が知っている情報

次の工程を
知りたい！

あなたが知っている情報

判断に必要な情報
だけを伝える

なるほど、
それじゃあ……

LET'S TRY! 相手がどこまで知っているか、
質問して確認しよう

\ PART 3 「それ、あんまり興味ないかも」と言わせない刺さるメッセージの作り方 /

ROUND 16

比較して説明する

要するに

相手が知りたいのは、それが他と比べて
どれくらい優れているか。それを、
品質、費用、納期の観点から説明する。

　商品やサービスなどを提案し、相手に意思決定してもらいたいときは、長すぎる前置きや細かな条件、具体的な状況を話すことは極力避けてください。この情報を極力減らすことが、相手の意思決定を容易にします。

　特に商品を売る場合には、比較優位性、つまり、他社の製品よりも自社の製品がいかに優れているかを示すと、相手は判断がしやすくなります。その代表は、生産管理でもよく使われる「Quality, Cost, Delivery：QCD）」です。品質か、費用か、納期か。お客様に選ばれるには、QCDの平均点が一番高いか、どれか1つが業界ナンバーワンである必要があります。

[比較して説明する]

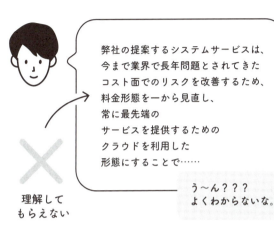

弊社の提案するシステムサービスは、今まで業界で長年問題とされてきたコスト面でのリスクを改善するため、料金形態を一から見直し、常に最先端のサービスを提供するためのクラウドを利用した形態にすることで……

う〜ん？？？よくわからないな。

✕ 理解してもらえない

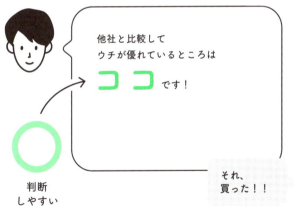

他社と比較してウチが優れているところは **ココ** です！

それ、買った！！

○ 判断しやすい

LET'S TRY! 単刀直入に、品質、費用、納期の比較結果を伝えよう

PART 3 「それ、あんまり興味ないかも」と言わせない刺さるメッセージの作り方

ROUND 17

検討のプロセスを考える

要するに

相手がどのようなプロセスで
意思決定をしているかを考え、
それに合わせて内容を決める。

　優れていると言い切れないときは、**お客様がどのようなプロセスで意思決定をしているか**を考えてください。
　具体的には、**相手があなたの話を聞いたあと、誰にどのような報告をして検討が進むか**を考えるとよいでしょう。
　例えば、現場の担当者が品質を最優先に考えていても、上司は希望品質を満たしていれば最安値でよいと判断しているケースがよくあります。このときは、目の前にいる担当者が期待している品質の話をしながらも、その上司が聞いてきそうな内容・情報も添えて説明することがベストです。

[検討のプロセスを考える]

「このサービスのいいところは、サポートが充実していて御社の業務内容に合わせて柔軟に対応できるところです。」

皆、同じことを言うのよね……

確かあの人の上司は、コストを重視する人だったはず。

相手の今後のプロセス ▼ 相談

上司が決定

必要そうな情報を追加する ▼

「月や年単位でも契約できます。年単位で契約していただくと、他社よりも安くなります。もちろん、業務内容に合わせて柔軟にサポートします。」

上司を説得しやすい！

LET'S TRY! 相手の後ろにどんな決裁者がいるかを確認しよう

PART 3 「それ、あんまり興味ないかも」と言わせない刺さるメッセージの作り方

ROUND 18

問題の本質を理解する

要するに

学校のテストとは違い、
社会には明確な問題はない。
問題の本質をクリアにする力が必要。

　学生時代に「頭が良い」と言われた人は、要はテストの点が良い人です。しかし、社会人の場合は、漠然とした課題が整理でき、それを解ける人を指します。

　学校のテストは、問題も正解も1つでした。しかし、社会では問題に対する答えは複数あります。また、解いているうちに問題そのものが変わることもあります。

　したがって、変化する問題に対応でき、複数の正解からベストアンサーを探し続けることができる人が評価されるのです。

　そのような思考と行動は、特にリーダーに求められます。漠然とした問題を具体的な課題に変え、部下の行動を促すのです。

頭が良い人の定義

学生の場合

テストの点数が良い人

問題が解ける
（クイズ番組も同様）

問題と解答例
1 + 2 + 3 は？
＝ 6

正解は1つ

問題は途中で変わらない
1 + 2 + 3 ＝

社会人の場合

テスト問題が作れる人

何が、どうなっていれば良いかがわかる

漠然とした課題をテスト問題として提示できる

問題と解答例
ごみ減量の方法は？
・エコバック推進
・レジ袋税
・簡易包装

正解は複数

問題は途中で変わる

変化への対応

資源の有効利用
・回収→再利用の立案
・回収→修理しやすい設計

上司・リーダーとは、漠然とした問題を
テスト問題のように提示ができる（問題が作れる）。
そして、小学校5年生を支援して、
中1の問題を解けるようにするような思考と行動が必要。

LET'S TRY！　本当にほしいのは何かを考えよう

PART 3 「それ、あんまり興味ないかも」と言わせない刺さるメッセージの作り方

ROUND 19

相手が話そうとしたら待つ

要するに

話をしたいと思っている人は
他人の話を聞いていない。
自分が話したいことは後回しにする。

　人は、2つのことを同時にできません。自分が意見を述べたいと思っていると、聞く力が大きく低下しています。意識が自分に向いていて、ほとんど相手の話を聞いていません。
　したがって、相手が発言しようとしているときは、自分の発言は控え、あとに回ったほうが、あなたの話をより理解してもらいやすくなります。
　特に、あなたが説明しているときに、お客様が何か質問をしようとしたり、意見を述べたりしようとしているとわかったら、必ず自分の話を止めて、お客様の声をまず聞いてください。
　そして、相手が話し終えたら、自分の話を再開してください。

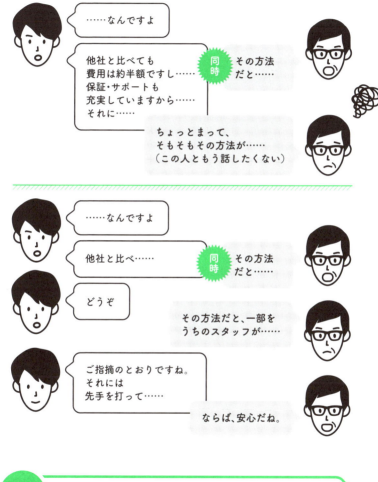

PART 4

> お前の言うことは
> わけがわからん！

と言わせない
伝わる構造の
作り方

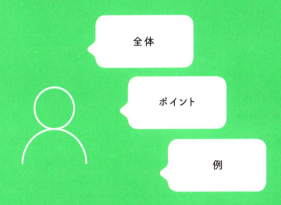

　最後の章では、これまでにお話ししてきたことをいかに「効果的に伝えるか」を解説します。
　具体的には、以下の3つのポイントでノウハウを紹介します。
　1. 全体の構成を伝える
　2. ポイントを示す
　3. 不要な情報をなくす

PART 4 「お前の言うことはわけがわからん!」と言わせない伝わる構造の作り方

ROUND 01

必要最低限の情報で伝える

要するに

説明をする前に、
必ず情報を整理すること。

　詳細の情報を知っていると、相手に不要な情報も伝えてしまいます。また、頭の中でその光景をイメージしながら、一つひとつ詳しく説明をしてしまいます。

　したがって、相手に分かりやすく説明することよりも、正確性・再現性が勝ります。その結果、細かすぎてわかりにくい説明になるのです。

　細かな情報を列挙されると、不要な情報で重要な情報が埋もれます。また、情報が多すぎて記憶できず、途中で理解することをあきらめてしまいます。こんなときは、まずゴールを示して、必要最低限の情報で説明しましょう。

[必要最低限の情報で伝えよう]

例：市役所までの道案内

まず、この道をまっすぐです。しばらくするとファミレスの横に川を渡る橋があって、本当はそっちが近道なんですけど、多分その道だと迷っちゃうと思うので、そのまま道なりに行ってください。しばらく行くと、左手にコンビニが見えてくるので、目印にしてください。コンビニの先の交差点を右に……

理解してもらえない

あ〜、もう覚えきれません。ありがとうございました

こっちの方向に向かって
車で10分くらいです。
途中、2回だけ曲がります。
曲がる箇所は、
ローソンの先の交差点を右と、
公園の脇の交差点を左です。

理解してもらいやすい

なるほど！

LET'S TRY! 話す前に伝えたいことを整理し、必要最低限の情報を伝えよう

PART 4 「お前の言うことはわけがわからん！」と言わせない伝わる構造の作り方

ROUND 02

詳しすぎない簡単すぎない

要するに

説明をする前に、
相手のレベルを確かめて
過不足のない情報量で話す。

　道案内に限らず、自分がよく知っていることは、詳細な説明ができます。すると、相手にとっては必要以上に詳しい情報を話してしまうことになります。
　これでは、重要な情報が不要な情報で薄まってしまいます。たくさん説明したがゆえに、わかりにくかったり、誤解されたりするのです。細かく説明しすぎると、相手はあなたのことを苦手な人だと感じてしまいます。
　こんなときは、相手の状況やレベルに即して説明をしてください。相手のレベルを確かめるには、どれくらい詳しいかを質問したり、具体例を挙げたりして確認するのがよいでしょう。

詳しさと簡単さのバランスを考える

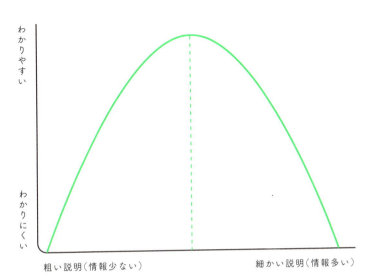

- 詳しすぎてもダメ。
- 簡単すぎてもダメ。
- 一番わかりやすいと感じるバランスは人によって違う。
- 自由にしてよいところと、守らなければならないところを理由とともに明示する。

LET'S TRY! 相手がわかりやすいと感じるのは
どのレベルかを確認しよう

PART 4　「お前の言うことはわけがわからん！」と言わせない伝わる構造の作り方

ROUND 03

話の要点は
最大7つ

要するに

相手の記憶にとどめ、あなたの考えを
理解してもらうためには、
要点は7つ以内に整理する。

　仕事でもプライベートでも、簡単には説明しきれないと思うことがたくさんあります。しかし、すべての情報を盛り込んでしまうと、人が一度に覚えられる情報量を超えてしまいます。
　例えば、3つにポイントを絞って説明すれば、おそらく全て記憶に残ります。しかし、13個すべてを説明すると、1番目と13番目の2つだけしか記憶に残らないことが多いです。
　こんなときは、大きなポイントを理想的には3つ、最大でも7つまでにまとめるようにしてください。認知心理学では、これを「マジカルナンバー」と呼びます。

[一度に多くのポイントを説明しない]

8個以上の情報は、見出しをつけて3つ程度、多くても7つまでにする

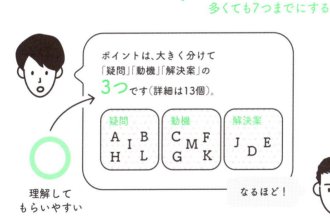

LET'S TRY! 最初は大きなポイントだけに絞って説明し、あとから細かい説明をしよう

ROUND 04

たくさんある場合は詳しく

要するに

「ポイントをすべて覚えてもらわなくてよい」「それより、たくさんあると印象づけたい」場合は、なるべく多く列挙する。

　前項で、要点を絞ったほうが記憶に残りやすいと説明しました。しかし、全ての場面で絞り込むことが有効ではありません。あなたが「相手の記憶に残したい」のではなく「たくさんあることを伝えたい」のであれば、伝え方は変わります。

　例えば、パソコンのソフトウエアのバージョンアップのお知らせや、会社説明会などでは、ポイントを絞るよりも、むしろ多くの情報を示したほうが好ましい場合があります。

　大切なのは、あなたの話を聞き終えたあと、相手はどうなっていてほしいかです。相手の立場に立って、絞り込むか、多く列挙するかを選択してください。

[たくさんある場合は詳しく]

例：ソフトウェアのバージョンアップ

今回は、**3つ**の優れた機能が……

3つぐらいなら今のままでいいや。

今回は、**11個**の優れた機能が……

そんなに？？更新しなきゃ！！

例：会社説明会

あなたが活躍できる分野は**4つ**あり……

4つだけか。あんまりないかも。

あなたが活躍できる分野は**15個**あり……

そんなに？？将来性感じるなぁ。

LET'S TRY! 目的は、印象に残すことか、明確に記憶してもらうことかを考えてみよう

PART 4 「お前の言うことはわけがわからん!」と言わせない伝わる構造の作り方

ROUND 05

タイトルで重要性を伝える

要するに

メールや報告書、提案書には
タイトルが必要。タイトルは、
手段、トピック、目的を明示する。

　メールなどのタイトルは、最初に目にする大事な場所です。でも、「〜について」など漠然とした表現をよく見かけます。
　私たちは、重要なメールかそうではないかを、発信者とタイトルで判断しています。そのため、タイトルのつけ方を間違えるとスルーされる可能性が高まってしまいます。
　したがって、メールや報告書、提案書などでは、タイトルに「手段、トピック、目的」を明示してください。
手段：どうやって達成するのか
トピック：何についての説明なのか
目的：トピックをどうすることが目的なのか

[タイトルで重要性に気づかせる]

手段・トピック・目的を明示する

手段	どうやって達成するのか
	例：暗号化による
トピック	何についての説明なのか
	例：個人情報のセキュリティ
目的	トピックをどうすることが目的なのか
	例：強化

LET'S TRY! タイトルのつけ方に注意しよう

PART 4 「お前の言うことはわけがわからん!」と言わせない伝わる構造の作り方

ROUND 06

トピックごとに段落を区切る

要するに

まず、自分の言いたいことは
何点あるかを整理する。
次に、トピックごとに区切る。

　書く前に、トピックやキーワードは何点あるか、何が伝わっていればよいかを考えてください。次に、そのトピックなどを主語にして、情報を展開してください。トピックが変わったときだけ、段落を変えてください。
　また、字面を追いやすくするために、2～3文で改行してしまう人がいます。LINEなどではそれでもよいのですが、メールや提案書では誤解のもとです。
　トピックごとの段落の区切りは、一読で理解してもらいやすくなります。

[トピックごとに段落を区切る]

ダメな文章の構造 ⇨ 時系列、五月雨式

まず、こんなことがありました。●●●●●●●●●●●●●●●●●●。
次に、●●●●●●●●●●●●●●●●●●●●●●●●●●
●●●●●。Aは、●●●●●●●●●●●●●。Bは、●●●●。
ところで、●●●●●●●●●●●●、そして●●●●●●●●。
しかし、Cは●●●●●●●●●●●●●。
以上のことから、●●●●●●●●●●●Aは、●●●●●●●●
●。加えてBは、●●●●●●●●●●●●●。

わかりやすい文章の構造 ⇨ 各論をトピックごとに区切る

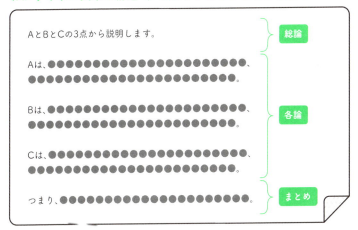

LET'S TRY! 話す前・書く前に、
トピックが何点あるかを整理しよう

PART 4 「お前の言うことはわけがわからん!」と言わせない伝わる構造の作り方

ROUND 07

要約文を段落の先頭に書く

要するに

キーワードを主語にして、段落の先頭に1文で要約する。2文目以降は読まなくても主旨が理解できる。

　結論から書いていない文章が多くあります。ほとんどの場合、できないのではなく、書きながら結論を考えていることがほとんどです。話したり書いたりする前に、整理して結論を考えてください。

　右図の「ダメな文章の構造」はまさに考えながら書いているため、先頭文では主旨がよくわかりません。しかし「わかりやすい文章の構造」では、先頭文だけで主旨を理解することができるでしょう。

　先頭文を書くときのコツは、キーワードを主語にして、簡潔かつ、具体的に書くことです。詳細に書いてしまっては元も子もありません。詳細は、2文目以降に詳しく書いてください。

要約文を段落の先頭に書く

少子化の例

ダメな文章の構造 ⇨ 先頭に要約文がない　　全文を読まないと主旨がつかめない

> **若い人の価値観について以下に述べる。**女性が男性と同様に社会の中で労働力としての価値観を持ち始めるとともに、女性も社会の中で仕事を通して自己実現することを人生の目的とするようになった。したがって、仕事のスキルを最も磨かなければならない時期が結婚や出産の時期と重なってしまい、個人ではどうすることもできない。結果として、仕事のほうを優先するので、結婚や出産、子育てを後回しにせざるを得ない。

わかりやすい文章の構造
⇨ キーワードを主語に先頭に要約文を書く　　全文を読まなくても主旨がつかめる

> **仕事のスキルアップを図る時期と出産の時期が重なっているので、出産が後回しにされるようになってきた。**女性が男性と同様に社会の中で労働力としての価値観を持ち始めるとともに、女性も社会の中で仕事を通した自己実現を人生の目的とするようになった。したがって、仕事のスキルを最も磨かなければならない時期が結婚や出産の時期と重なってしまい、個人ではどうすることもできない。結果として、仕事のほうを優先するので、結婚や出産、子育てを後回しにせざるを得ない。

LET'S TRY! 先に結論を考え、1文目にまとめよう

\ PART 4 「お前の言うことはわけがわからん！」と言わせない伝わる構造の作り方 /

ROUND 08

不要な情報を削る

要するに

「誰に」「なぜ」伝えるのかを考えて、
それに即していない情報は
全て排除する。

　担当している商品やサービスについて説明してほしいと依頼されたら、あなたはどうしますか？
　あなたが把握している詳しい情報を聞きたいとは相手は思っていません。あなたの話を初めて聞く人にとって「必要最低限の情報」は何か、そして「一度に理解できる内容はどのくらいか」を考えて、情報を取捨選択することが必要です。
　言い換えると、**無くてもよい情報は、全て省略してください。**また、専門用語を使用しなくてもわかるように話してください。もちろん、専門家どうしの会話なら、専門用語で話すのがむしろマナーだという場合もあります。

[不要な情報を削る]

新型スマートフォン、ペガサスX登場!

新型スマートフォン、ペガサスXは、高解像度のCCDカラーカメラが内蔵されています。これでデジカメのように綺麗な写真が撮れます。また、高性能なGPS機能(専門的にはEnhanced GPS)が付属しているので、自分のいる場所が正確にわかります。

例

CCDカラー:なくても特性は変わらない
内蔵されて:当たり前の情報
デジカメのように:この比喩はいらない
Enhanced GPS:素人には不要な情報

新型スマートフォン、ペガサスX登場!

高解像度のカメラにより、
綺麗な写真が撮れます。
また、高性能なGPSにより、
自分のいる場所が正確にわかります

欲しいかも!

相手にとって必要な情報は何かを考えよう

PART 4 「お前の言うことはわけがわからん！」と言わせない伝わる構造の作り方

ROUND 09

冗長な表現をしない

要するに

長たらしく、ムダのある表現はしない。

　代表的な冗長な表現は、3種類あります。
① 二重否定文（〜なければ〜ない）：「資格がなければこのページの編集はできない」→肯定文にして前後の情報を入れ替える→「このページを編集するには資格が必要です」
② 遠回し：「保育園の数が十分であるとは言えない」→「保育園が足りない」でも主旨は同じ
③ もったいぶっている：「少子化は、各人が置かれている状況が出産という行為のリスクを上げているため、仕方なく経済的な余裕ができるまで後回しにしているがゆえに起こっていると考えられる」→「経済的な不安が少子化を招いた」で十分伝わる。

冗長な表現をしない

「〜という」は削除する（と言う：話す意味を除く）

- 誤 出産しても働き続けられるという社会制度が必要だという意見は正しい
- 正 出産しても働き続けられる社会制度が必要だ

「することが可能」ではなく「できる」

- 誤 同一基準で調査をすることが可能なように配慮する
- 正 同一基準で調査できるように配慮する

「させていただきます」ではなく「いたします」

- 誤 発表させていただきます
- 正 発表いたします

出典：「敬語の指針」平成19年2月2日

「〜を行う」ではなく「〜する」 ※2つ以上の場合は「〜と〜を行う」

- 誤 検討を行う
- 正 検討する

LET'S TRY! 自分の説明に冗長な表現がないか、確認してみよう

PART 4 「お前の言うことはわけがわからん！」と言わせない伝わる構造の作り方

ROUND 10

短い文を心掛ける

要するに

1文が長いと理解してもらえない。
「が、り、し、て」などで
不必要に文をつながない。

　1文では1つのことだけを書いてください。2つ以上の内容を1文で書いてはいけません。主旨がわからなくなります。
　さまざまな情報を盛り込むことによって、説明した気持ちになるかもしれませんが、聞き手は混乱するだけです。
　せっかく良いアイデアを考えても、このような表現にしてしまうとすべてをダメにしてしまいます。
　キーワードや主語に注意して、文と文のつながり、切れ目を意識して「1文では、1つのことだけ」を実践してください。

短い文を心掛ける

企業は雇用者に対して、子育てに対する各種手当の拡充や在宅勤務、会社内の託児所の設営、女性の職場復帰の環境改善を推進し、国や自治体は、こうした教育機関、保育園、企業の働きを補助金等でサポートするといった関係作りをし、社会全体で将来の社会に対する投資として、共通の考えを持って少子化対策に取り組むことが大切です。

う〜ん？？？
よくわからないな。

× 理解してもらえない

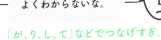

「が、り、し、て」などでつなげすぎ。
1文では、1つのことだけを書く

企業は雇用者に対して、子育てに対する各種手当の拡充や在宅勤務、会社内の託児所の設営、女性の職場復帰の環境改善を推進すべきです。

国や自治体は、教育機関、保育園だけでなく、このような企業の活動も補助金等で支援すべきです。

官民が共通の考えを持って、社会全体で将来の社会に対する投資として、共通の考えを持って少子化対策に取り組むことが大切です。

※本来は段落は分けません。区切りを明確にするためあえて段落を分けています。

なるほど！

○ 理解してもらいやすい

LET'S TRY! 文を不必要につながない

PART 4 「お前の言うことはわけがわからん!」と言わせない伝わる構造の作り方

ROUND 11

正しい日本語で書く

要するに

誤字脱字、慣用表現の間違いがあると、
内容が頭に入ってこない。
また、不必要に漢字を使わない。

「誤字脱字」「てにをは」「句読点」は、多少間違えたりおかしかったりしても、大体の意味は伝わります。しかし、**読む側としては、それらに「引っかかって」しまうため、内容の理解を妨げてしまいます**。

　間違いが多い文章を読むと「この人の話は信頼してよいのだろうか」と疑心暗鬼になってしまいます。

　また、難しい・簡単を問わず、**漢字を不必要に多用すると読みにくくなります**。ひらがなで書くことも心がけてください。公用文の場合は、決まりもあります。

日本語の正しい使い方を学ぶ

正しい日本語で書く

- **慣用表現を正しく使う**
  的を得た ▶ 的を射た　　私には役不足 ▶ 私では力不足

- **正しく表現する**
  シュミレーション ▶ シミュレーション

- **同語反復をしない**
  まず最初に ▶ まず or 最初に　　第1回目 ▶ 第1回 or 1回目
  各課ごとに ▶ 各課で or 課ごとに

ひらがなで書く

次のような語句を 例 のように用いるときは、
原則として仮名で書く。

例
- 事 …………… 許可しないことがある
- 出来る …… だれでも利用ができる
- 通り ……… 次のとおりである（路地を除く）
- 時 …………… 事故のときは連絡する
- 他 …………… そのほか〜　　特別の場合を除くほか

出典:「公用文における漢字使用等について」 平成22年11月30日

LET'S TRY! 普段使わない表現を使うときは、辞書で確認しよう

\ PART 4 「お前の言うことはわけがわからん!」と言わせない伝わる構造の作り方 /

ROUND 12

比喩と図解で
イメージさせる

要するに

イメージしづらい専門的な内容は、
誰もが知っている例に置き換えたり、
図解したりする。

　パソコンのメモリとハードディスクを、説明するにはどうしたらよいでしょうか。そのまま説明すると「メモリとはCPUがデータを処理する際に、そのデータを一時的に保管して演算する」「ハードディスクとはHard Disk Driveのこと。作成したファイルなどを磁気ディスク等で記憶する」となりますが、これでは難しすぎます。

　未知のモノ（情報）は既知のモノ（情報）で示すとわかりやすくなります。メモリは「机の広さ」、ハードディスクは「机の引き出し」などでしょうか。さらに、文章ではなく図解にすると、理解しやすく、記憶にも残りやすくなります。

比喩と図解でイメージさせる

比喩なし

メモリ：CPUがデータを処理する際に、そのデータを一時的に保管して演算する。

ハードディスク：Hard Disk Drive。磁気ディスク等による記憶媒体。作成したファイルなどはここに記憶される。

は、はぁ。
（難しいな）

比喩を文章で示す

メモリは、一時的に情報をためておくところです。**机の広さ**に例えられます。メモリが多いと、机が広くなるので、たくさんのことが同時にできます。

ハードディスクは、情報を整理して保管する場所です。**机の引き出し**に例えられます。ハードディスクが大きければ大きいほど、多くの情報を保管できます。

ふむふむ
なるほど。

比喩を図解で示す

メモリ：机の広さ　　　　**ハードディスク**：机の引き出しの多さ

32GB
64GB

1TB
2TB（2000GB）

わかり
やすい！！

LET'S TRY!　専門的な内容を説明するときは、
身近な例に置き換え、図解して説明しよう

PART 4 「お前の言うことはわけがわからん!」と言わせない伝わる構造の作り方

ROUND 13

キーワードを強調する

要するに

キーワードの前後で間をとったり、
繰り返したりすることで
伝わりやすくなる。

　資料に書いてある文字をそのまま読み上げることに抵抗を感じる人がいます。その人は微妙に変えたり、途中で情報を追加したりしながら説明しています。しかし、聞いている人は、こんな風に強調されると、これでは資料を見るべきか、それとも耳を傾けるべきかで混乱してしまいます。

　書いてあるまま読み、キーワードの前後に間を取ったり、繰り返したりするだけで、わかりやすい説明になります。これにより、単なる棒読みではなく、読み方にメリハリがつけられるので、大事なポイントを強調したことになります。

　キーワードは少し大きめの声で繰り返すとよいでしょう。

キーワードを強調する

重要なことを言う前に、一拍おく

この問題は情報が
（一拍おく）
共有化されていない
（一拍おく）
ということです。

キーワードは声を大きめに

それは大変だ！

ゆっくり話したり、繰り返したりする

この問題は情報が
共有化されていないということです。
もう一度言います。
キーワードは、
共有化されていないです。

共有化されていないだって？

LET'S TRY! 話し終えたとき、どのようなメモを聞き手が残していればよいかを考えよう

PART 4 「お前の言うことはわけがわからん！」と言わせない伝わる構造の作り方

ROUND 14

好感度を上げる

> **要するに**
>
> 人は、頻繁に目にするものに好感を抱く。
> 仕事相手の好感度を高めたければ、
> 頻繁にコンタクトを取ることも必要。

　大事なプレゼンをするときは、提案者や提案内容に対するクライアントの好感度を事前に高めておくことも必要です。

　心理学者のザイオンスは、被験者にさまざまな人物の写真を繰り返し見せる実験をしました。そして、ある写真は10回、ある写真は1回と見せる回数を変えた結果、**見せた回数が多い写真の人物に、人はより好感を持つ**ことがわかりました。

　テレビで繰り返し聞くBGMを好きになったり、毎日見るタレントに親近感を持ったりすることがこの法則で説明できます。

　大切なプレゼンの前に、クライアントのところに足繁く通ったり、電話をしたりすることも必要です。

単純接触効果を活用する

一度挨拶
しただけ

好感度 低

1回目
挨拶

2回目
打ち合わせ

好感度 高

3回目
セミナーで
会う

接触回数が多いと
好感度が上がる

LET'S TRY! ぶっつけ本番ではなく、相談をかねて事前にコンタクトを取るようにしよう

PART 4 「お前の言うことはわけがわからん!」と言わせない伝わる構造の作り方

ROUND 15

熟知すると好感度があがる

要するに

相手を知ることも、好感度につながる。
事務的にならず、人間的な部分も話すと
相手に親近感を抱いてもらいやすい。

　好感をもたれると、話をよく聞いてもらえます。 心理学者のザイオンスによれば、「私たちは知らない人には冷たく接している。しかし、その人を知れば知るほど、親近感を持ち、**人間的側面を知ったとき、好感を持つ**」ことが明らかになりました。
　例えば、お客様との約束を急に変更しなければならないとき、「緊急の用件が発生し、お伺いできなくなってしまいました」よりも、「子どもが熱を出して、急きょ学校に迎えに行かなくてはならなくなりました」と言ったほうが、関係は悪くなりにくいでしょう。

熟知すると好感度があがる

相手を知ることと好感を持つ関連

① 知らない人に対しては「**冷淡**」になる

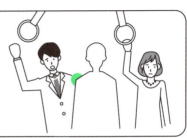

② その人を知れば知るほど「**親近感**」を持つ

③ 人間的側面を知ったとき「**好感**」を持つ

LET'S TRY! ときには人間的な側面もさらけだそう

PART 4 「お前の言うことはわけがわからん!」と言わせない伝わる構造の作り方

ROUND 16

発問で惹きつける

要するに

説明していることは同じでも、
途中で聞き手に質問をすると
熱心に聞いてくれる。

　聞き手を惹きつける話し方をしたいけれど、「どのように話せばよいかわからない」という悩みをよく聞きます。
　普段の話し方が、一番あなたらしさが伝わり、説得力があります。変に形を作ろうとすると、むしろわかりにくい話し方になってしまいます。普段どおりに説明してください。
　そして、聞き手に質問を投げかけて、答えてもらってください。学校の授業と同じで、一方的に説明をされると集中力が低下して眠くなってしまいます。しかし、いつ指名されて答えさせられるかわからない状態だと、聞き手は一番集中して話を聞いてくれます。
　また、長時間話すときは、後半の声を大きくしてください。

発問で惹きつける

企業は雇用者に対して、子育てに対する各種手当の拡充や在宅勤務、会社内の託児所の設営、女性の職場復帰の環境改善を推進し、国や自治体は、こうした教育機関、保育園、企業の働きを補助金等でサポートするといった関係作りをし、社会全体で将来の社会に対する投資として、共通の考えを持って少子化対策に取り組むことが大切です。

ZZZZZZ

× 一方的に話すとダメ

発問の方法

① ダイレクトクエスチョン
まず指名して質問する／意見を求める

② インディレクトクエスチョン
まず質問を示して、指名する

③ ブーメランクエスチョン
自分で質問して、自分で考える

一番のポイントは、なんだと思いますか？

え？ 会社？ 国？

LET'S TRY！ アドリブは無理。どんな質問を誰にするか、準備しておこう

ROUND 17

ダメよりも惜しい

> **要するに**
> 相手のできていないところよりも
> できていることに目を向けると、
> 成長が促進される。

　私が以前、船舶の免許を取りに行ったときのエピソードです。船を港に留めておくためには、「ロープワーク」を覚えなければなりません。普段しない結び方なので、数回見ただけでは覚えられない人もいます。

　ほとんどできていたのですが、最後の1か所だけ、逆になっている人がいました。しかし、教官に「ダメ！」と言われて、その人は心が折れていました。後日、別の教官が同じ人にロープワークを教えていました。同じように1か所間違えていたのですが、教官は「惜しい！　1か所だけ違う」とアドバイス。その人は次から正確に結べるようになりました。

ダメよりも惜しい

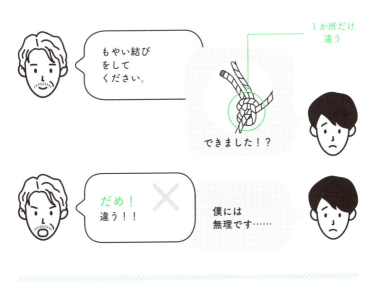

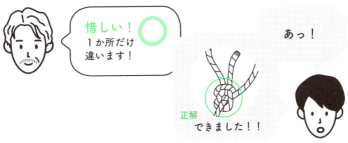

LET'S TRY! 「ダメ！」ではなく「惜しい！」と言う。その上で改善点を指摘しよう

PART 4 「お前の言うことはわけがわからん！」と言わせない伝わる構造の作り方

ROUND 18

期待を相手に伝える

要するに

良かれと思ってアドバイスをしても、
逆効果なこともある。
期待を添えてメッセージを伝える。

　部下に「ミスをするな！」ではなく「あなたらしくないね！」と言ってください。「あなたらしくない」には、「普段のあなたならそうなるはずがない」という期待が含まれています。
　また、新しい仕事や異動に対して不安を感じている人には、「いつもの君ならできる」と表現してください。この言い回しにも、「こうあってほしい」という期待が含まれています。
　さらに、意見や行動に対して反対を表明したり、相手にもっと考えてほしかったりするときは、「それはいつものあなたらしくないから賛成しない」などと表現してください。

[期待を相手に伝える]

なんでこんな
ミスをしたの！？

こんな簡単なことも
できないの？？

なんでって
言われても……

×

こんな簡単なミスを
するなんて、
**あなたらしくないわね。
何かあったの？**

すみません、
次は気をつけます。

○

LET'S TRY！　ストレートに否定するのではなく、
期待を添えたメッセージにしよう

ROUND 19

思いつきで追加しない

> **要するに**
>
> 話の途中で発展に気づくことがある。
> しかし、たいていは思いつきなので
> 余計な話になりやすい。

　説明をしているうちに、新しい考えが頭に浮かぶことがあります。その場で追加をすると、根拠不足になったり、つじつまが合わなくなったりすることがあります。

　例えば、少子化について、「金銭的不安」と「保育園不足」を原因として考え、その解決策として「給付」と「保育園増設」を述べたあとに思いつきで「自治体が街コンもすべきだ」と追加すると、聞き手は混乱してしまいます。なぜなら、「なぜ街コンをすべきか」という原因が述べられていないからです。最後に新しいことを追加すると相手を混乱させてしまいます。

[思いつきで追加しない]

少子化の原因は、
<u>金銭的不安</u>と●●●●
●●●●●●、そして、
<u>保育園不足</u>である。
●●●●●●●●●●

呼応OK

ふむふむ、
なるほど

少子化を防ぐには、
<u>児童手当の給付</u>を●●
●●●●●●●●、
<u>保育園の増設</u>が必要で
●●●●●●●●●●

呼応OK

確かに
そうかも

最後に、
自治体が街コンを
積極的に
実践すべきだ。
●●●●●●●●●●

え!?
急になんで?

最後に新しい話をださない
話している途中、書いている途中で、
ついつい思いついたことを追加したくなります。
追加するなら、全体構成を見直してください。

LET'S TRY! 途中で思いついても口にせず、
当初のプランで説明しよう

あとがき

　短く書くと厳密性、正確性が低下する。でも、長く書くと読者にわかりにくくなってしまう。そこでもう一度短く書き直すと、抽象度が高すぎて実感がわかなくなってしまう。
　この本を書くときに一番困ったのは、このバランスのとり方です。そのために、内容を補い理解度を上げるべく、すべての項目で図解しました。
　学生時代から研修講師を始めてもうすぐ32年目を迎えます。どうすれば、相手に理解してもらいやすくなるか、普遍的なテーマを追いかけてきました。その研修の場で多くの受講者の悩み、問題にふれ、その解決方法を一緒に考えました。その集大成としてこの本をまとめました。
　この本は、私の6冊目となります。今までのなかで、一番噛み砕いて説明をしました。考えることにむずかしさを感じている方が、少しでも前に進めることができれば幸いです。

本書は、ディスカヴァー・トゥエンティワンの干場弓子社長とのご縁、そして、書籍編集部 リーダーの千葉正幸さん、同編集部の松石悠さんのご尽力により上梓できました。深く感謝いたします。
　また、弊社の松本恵理子さんにも、構成やわかりにくい説明箇所の指摘など随所で支援をしてもらいました。
　そして、いつも私を支えてくれている妻の伊都子だけでなく、拓成、智成、克成の3人の息子たちも本書の校正を手伝ってくれました。
　研修で出会った受講者の皆さんのご経験、悩みが本書の源です。多くの方の出会いと協力に感謝して、筆をおきます。
　ありがとうございます。

別所栄吾

「お前の言うことはわけがわからん！」と言わせない
ロジカルな話し方超入門

発行日	2019年4月20日　第1刷 2022年2月7日　第4刷
Author	別所栄吾
Book Designer	カバー／小口翔平＋山之口正和（tobufune） 本文・図版・イラスト／小林祐司
Publication	株式会社ディスカヴァー・トゥエンティワン 〒102-0093　東京都千代田区平河町2-16-1 平河町森タワー11F TEL　03-3237-8321（代表）03-3237-8345（営業）／FAX　03-3237-8323 http://www.d21.co.jp
Publisher	谷口奈緒美
Editor	千葉正幸
Store Sales Company	安永智洋　伊東佑真　榊原僚　佐藤昌幸　古矢薫　青木翔平　青木涼馬 井筒浩　小田木もも　越智佳南子　小山怜那　川本寛子　佐竹祐哉　佐藤淳基 佐々木玲奈　副島杏南　高橋雛乃　滝口景太郎　竹内大貴　辰巳佳衣 津野主輝　野村美空　羽地夕夏　廣内悠理　松ノ下直輝　宮田有利子 山中麻吏　井澤徳子　石橋佐知子　伊藤香　葛目美枝子　鈴木洋子　畑野衣見 藤井多穂子　町田加奈子
EPublishing Company	三輪真也　小田孝文　飯田智樹　川島理　中島俊平　磯部隆　大崎双葉 岡本雄太郎　越野志絵良　斎藤悠人　庄司知世　中西花　西川なつか 野﨑竜海　野中保奈美　三角真穂　八木眸　高原未来子　中澤泰宏　伊藤由美 蛯原華恵　俵敬子
Product Company	大山聡子　大竹朝子　小関勝則　千葉正幸　原典宏　藤田浩芳　榎本明日香 倉田華　志摩麻衣　舘瑞恵　橋本莉奈　牧野類　三谷祐一　元木優子 安永姫菜　渡辺基志　小石亜季
Business Solution Company	蛯原昇　早水真吾　志摩晃司　野村美紀　林秀樹　南健一　村尾純司 藤井かおり
Corporate Design Group	塩川和真　森谷真一　大星多聞　堀部直人　井上竜之介　王廳　奥田千晶 佐藤サラ圭　杉田彰子　田中亜紀　福永友紀　山田諭志　池田望　石光まゆ子 齋藤朋子　福田章平　丸山香織　宮崎陽子　阿知波淳平　伊藤花笑　伊藤沙恵 岩城萌花　内堀瑞穂　遠藤文香　王玮祎　大野真里菜　大場美範 小田日和　加藤沙葵　金子瑞宝　河北美汐　吉川由莉　菊地美鈴　工藤奈津子 黒野有花　小林雅治　坂上めぐみ　佐瀬遥香　鈴木あさひ　関紗也乃 高田彩菜　瀧山響子　田澤愛実　田中真悠　田山礼真　玉井里奈　鶴岡蒼也 道玄萌　富永啓　中島魁星　永田健太　夏山千穂　原千晶　平池輝　日吉理咲 星明里　峯岸美有
Proofreader	文字工房燦光
DTP	株式会社RUHIA
Printing	大日本印刷株式会社

・定価はカバーに表示してあります。本書の無断転載・複写は、著作権法上での例外を除き禁じられています。
　インターネット、モバイル等の電子メディアにおける無断転載ならびに第三者によるスキャンやデジタル化もこれに準じます。
・乱丁・落丁本はお取り替えいたしますので、小社"不良品交換係"まで着払いにてお送りください。
・本書へのご意見ご感想は下記からご送信いただけます。
　http://www.d21.co.jp/inquiry/

ISBN 978-4-7993-2468-4　©Eigo Bessho, 2019, Printed in Japan.